ALGIER
TUNESIEN
MITTELMEER
TRIPOLIS
KAIRO
Suez Kanal
LIBYEN
ÄGYPTEN
ROTES MEER
NIGER
KHARTUM
SUDAN
TSCHAD
ERITREA
NIGERIA
DSCHIBUTI
ADDISABEBA
ÄTHIOPIEN
KAMERUN
ZENTRAL-AFRIKANISCHE REPUBLIK
SOMALIA
MOGADISCHU
GABUN
KONGO
REP. KONGO
UGANDA
KENIA
NAIROBI
RUANDA
BURUNDI
KILIMANDSCHARO
CABINDA
TANSANIA
ANGOLA
MALAWI
SAMBIA
LUSAKA
HARARE
WÜSTE NAMIB
SIMBABWE
MOSAMBIK
Straße von Mosambik
MADAGASKAR
NAMIBIA
BOTSWANA
KALAHARI
PRETORIA
SWASILAND
LESOTHO
SÜDAFRIKA
KAPSTADT
Kap der Guten Hoffnung
INDISCHER OZEAN
N

Gudrun Schreiber / Peter Heilmann

KARIBUNI WATOTO

Spielend Afrika entdecken

mit Bildern von Susanne Szesny

Ökotopia Verlag Münster

Impressum

AutorInnen: Gudrun Schreiber
Dr. Peter Heilmann

Illustrationen: Susanne Szesny

Satz: Druckvorstufe Hennes Wegmann

ISBN: 3-931902-11-0
ISBN: 978-3-931902-11-7

8 9 10 · 06

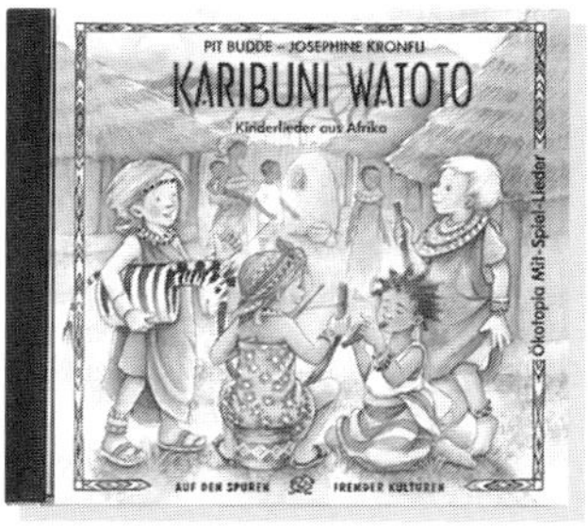

Alle Lieder dieses Buches gibt es auf der CD:
Karibuni Watoto
Kinderlieder aus Afrika

ISBN: 3-931902-12-9
ISBN: 978-3-931902-12-4

Alle Lieder bis auf „So tun wir unsre Arbeit“ (S.47) und „Zwanzig schwer bepackte Männer“ (S. 128) stammen aus der direkten Erinnerung von:
Josephine Kronfli (Äthiopien), Myke Tilasi (Zambia), Neema Mirambo (Tanzania), Arnold Chiwalala (Tanzania) und Lawson Mawulawoe (Elfenbeinküste).

Die einleitenden Texte sowie die deutschen Übertragungen der Liedtexte dazu haben Pit Budde und Josephine Kronfli geschrieben.

Inhaltsverzeichnis

Vorwort

Für viele von uns hat das Wort Afrika einen besonderen Klang. Dunkelfarbige Menschen mit krausem Haar, heiße Sonne, tropische Pflanzen, wilde Tiere, exotische Gewürze, all dies wird uns in Büchern, Presseerzeugnissen, im Fernsehen, aber vor allem in Filmen à la Hollywood, nahe gebracht. Von wenigen Ausnahmen abgesehen wird hier ein klischeehaftes Bild dargeboten, das weniger die Realität widerspiegelt, sondern vielmehr dem Konsumenten das anbietet, was seiner Erwartungshaltung zu entsprechen scheint und was dadurch die Auflagen und Einschaltquoten erhöht. Und so haben sich in Bezug auf Afrika Vorurteile und Stereotype herausgebildet, die in „Wilde", „Bimbo", „Banane", „Neger", „Primitive" o.Ä. ihren Ausdruck finden. Unterstützt wird dies noch dadurch, dass viele Afrika als fernes „Land" sehen, von dem wir nicht viel wissen, oder vielleicht auch nicht wissen müssen, und das eigentlich immer noch der „weiße Fleck" auf der Landkarte ist.

Damit dies nicht so bleibt, haben wir dieses Buch geschrieben. Es soll dazu beitragen, Kinder auf spielerische Weise mit Afrika vertraut zu machen. Sie sollen verstehen, dass in Afrika einiges anders ist, vieles aber genauso wie bei uns, vielleicht in etwas veränderter Form. Wir wollen auch einen Beitrag dazu leisten, unsere Kinder über die gewaltigen Probleme in Afrika zu informieren. Sie sollen begreifen, womit die Kinder in Afrika konfrontiert sind, und dass sie trotzdem lachen und spielen können.

Da wir ein Spiele-Buch vorlegen, mussten wir uns bei den jeweiligen einleitenden Bemerkungen auf das aus unserer Sicht Wesentliche konzentrieren, wodurch manches notwendigerweise zu kurz kam. Wir empfehlen deshalb, zur Vertiefung weiterführende Literatur oder Filmkassetten zu verwenden. Günstig ist es auch, vor dem Spielbeginn das 1. Kapitel sowie die jeweils einführenden Kapitel zu lesen.

Dieses Buch behandelt nicht nur Vergangenes. Vielmehr haben wir versucht, das traditionelle Afrika mit dem gegenwärtigen zu verbinden und Veränderungen zu zeigen, doch liegt der Schwerpunkt auf der Tradition.

Wenn wir von Afrika reden, meinen wir - bis auf wenige Ausnahmen - den Teil Afrikas, der südlich der Sahara liegt und der in der wissenschaftlichen Literatur gemeinhin als Subsaharisches, Tropisches oder Schwarz-Afrika bezeichnet und behandelt wird.

Am Anfang des Buches ist eine Karte Afrikas, am Ende (im Anhang) sind die Quellenangaben, Literatur, Begriffs- und Zeichenerklärungen zu finden.

Ursprünglich bestand die Absicht, auch auf Kontaktstellen, Vereine, Klubs, Museen, Ausstellungen u.a. zu verweisen. Darauf wurde verzichtet, da die existierende Vielfalt und permanente Veränderungen den Rahmen des Buches sprengen würden. Wir verweisen hier auf die Ausländerbeauftragten aller Ebenen, die Vereinigungen ausländischer Bürger, die Tagespresse, den regionalen Rundfunk und das Fernsehen, die die Informationen zu Veranstaltungen aller Art publizieren.

Es ist uns schließlich ein Bedürfnis, an dieser Stelle allen afrikanischen FreundInnen in Berlin (stellvertretend sei Michael Ojake genannt) und allen deutschen (stellvertretend sei Birgid Hülsebeck, Kita „Till Eulenspiegel" genannt) zu danken, die uns bei der Erarbeitung des Spieleteiles des Buches mit Rat und Tat zur Seite standen.

Afrikas Stellung in der Welt

Jahrhundertelang wussten die Menschen in Europa - und damit natürlich auch in Deutschland - so gut wie nichts über Afrika. Im Jahre 1400 waren erst 21 Prozent Land und sieben Prozent Wasser der Erdoberfläche im europäischen Kulturkreis bekannt.

Mit der Entwicklung frühkapitalistischer Verhältnisse begannen die europäischen Staaten, ihre Fühler über die ihnen zugängliche Welt hinaus auszustrecken. Ein wichtiger Anlass dafür war, den Seeweg nach Indien zu finden, um die heiß begehrten exotischen Gewürze zu bekommen.

An vorderster Stelle der Initiatoren für Schiffsexpeditionen standen - beginnend 1462 - die Portugiesen, andere europäische Staaten folgten ihnen Ende des 16. Jh. Es herrschte ein erbitterter Konkurrenzkampf zwischen Portugal, den Niederlanden, Frankreich und England. Die europäischen Mächte verfolgten in erster Linie Handelsinteressen, die zum Teil in regelrechte Raubzüge ausarteten, um Gold und Elfenbein zu erbeuten. Unrühmlich ist das Kapitel des „atlantischen Sklavenhandels“, dem nach vorsichtigen Schätzungen 100 Millionen Afrikaner zum Opfer fielen, insbesondere junge, kräftige Menschen. Die Europäer agierten an den Küsten, die Sklavenjagden im Inneren wurden von Afrikanern selbst durchgeführt. Das Ergebnis waren Zerstörung und Stagnation der wirtschaftlichen und politischen Entwicklung bis ins Zentrum Afrikas; ganze Landstriche wurden entvölkert, bestehende Königreiche, wie das Kongoreich, wurden zerstört.

Die sich immer mehr ausdehnende Sahara hatte im Verlauf der Jahrhunderte eine getrennte Entwicklung in Afrika verursacht, d.h. der Norden, die Mittelmeer-Anlieger, blieben im Bereich der damals in Europa bekannten Welt, während sich die Gebiete südlich der Sahara weitgehend isoliert entwickelten. So konnte es auch nicht verwundern, dass dieser große weiße Fleck, als ein „geschichtsloser Kontinent" in Europa begriffen wurde.
Aber Afrika ist weder geschichtslos noch entwickelte es sich völlig isoliert. So gab es z.B. durch den Transsaharahandel oder auch arabische Handelswege in Ostafrika Kontakte zur mediterranen und nahöstlichen Welt, über die Waren sowie Kenntnisse und Fertigkeiten ausgetauscht wurden. Selbst bis ins ferne China bestanden Verbindungen über den Indischen Ozean.
Die gesellschaftliche Entwicklung vollzog sich parallel zur übrigen Welt, d.h. die Teilung in Ackerbau, Viehzucht, Handwerk sowie Handel war in vielen Gebieten vorhanden.

Afrika ist vermutlich die „Wiege" der modernen Menschheit. Ob dies tatsächlich der Fall ist, darüber streiten sich die Gelehrten. Afrika bietet mit „Lucy" (3,6 Mio. Jahre alt) und vor allem mit dem 1994 ebenfalls in Äthiopien gefundenen 4,4 Mio. Jahre alten Knochen den ältesten Urmenschen.

Es ist auch eine Tatsache, dass das alte Ägypten schon 2420 v.Chr. Seefahrer zum Goldland Punt, das im Süden Afrikas gelegen haben soll, schickte.
Der zivilisatorische Aufschwung führte zur frühen Herausbildung von Staaten und Kulturen, die über eine hohe Zivilisation mit Bewässerungssystemen, entwickeltem Handwerk, Gewinnung und Verarbeitung von Eisenerzen, selbständigem Alphabet u.a. verfügten.
Vergleicht man dies im Weltmaßstab, so war es die Zeit des Römischen Reiches. Auf dem Gebiet des heutigen Deutschland existierte ein buntes Gemisch von germanischen Völkerschaften, die weit unter diesem Entwicklungsniveau standen.
Obwohl einige subsaharische afrikanische Völker auf der Stufe von Sippengesellschaften standen, formierten und entwickelten sich in den folgenden Jahrhunderten immer wieder Staaten und Königreiche mit hoher Kultur.
Arabische Reiseberichte, lokale Chroniken, frühe portugiesische Berichte und zahlreiche mündliche Überlieferungen zeugen vom Fortschritt in dieser Zeit. Gepflegte Landkulturen, hoch entwickelter Terrassenbau, künstliche Bewässerung, Metallgewinnung und -verarbeitung, spezialisiertes Handwerk wie Tuchherstellung und Färben, für den Markt produzierendes Gewerbe und mannigfaltige Handelsbeziehungen, scheuen keinen Vergleich mit der Weltkultur.
Innere Machtkämpfe schwächten diese Staaten oft, so dass sie bei Einfällen von außen leichte Beute wurden. Vor allem arabisch-islamische Eroberer drangen unter der Fahne des Djihad, des heiligen Krieges, von Norden ein. Aber auch auf friedlichem Wege mittels Handel gewann der Islam an Einfluss, so in Ostafrika. Das Ergebnis waren reiche und blühende Städte, von denen in erster Linie Timbuktu, Djenne und Gao im Westsudan zu nennen sind, die im 16./17. Jhd. Hochburgen mohammedanischer Bildung waren.

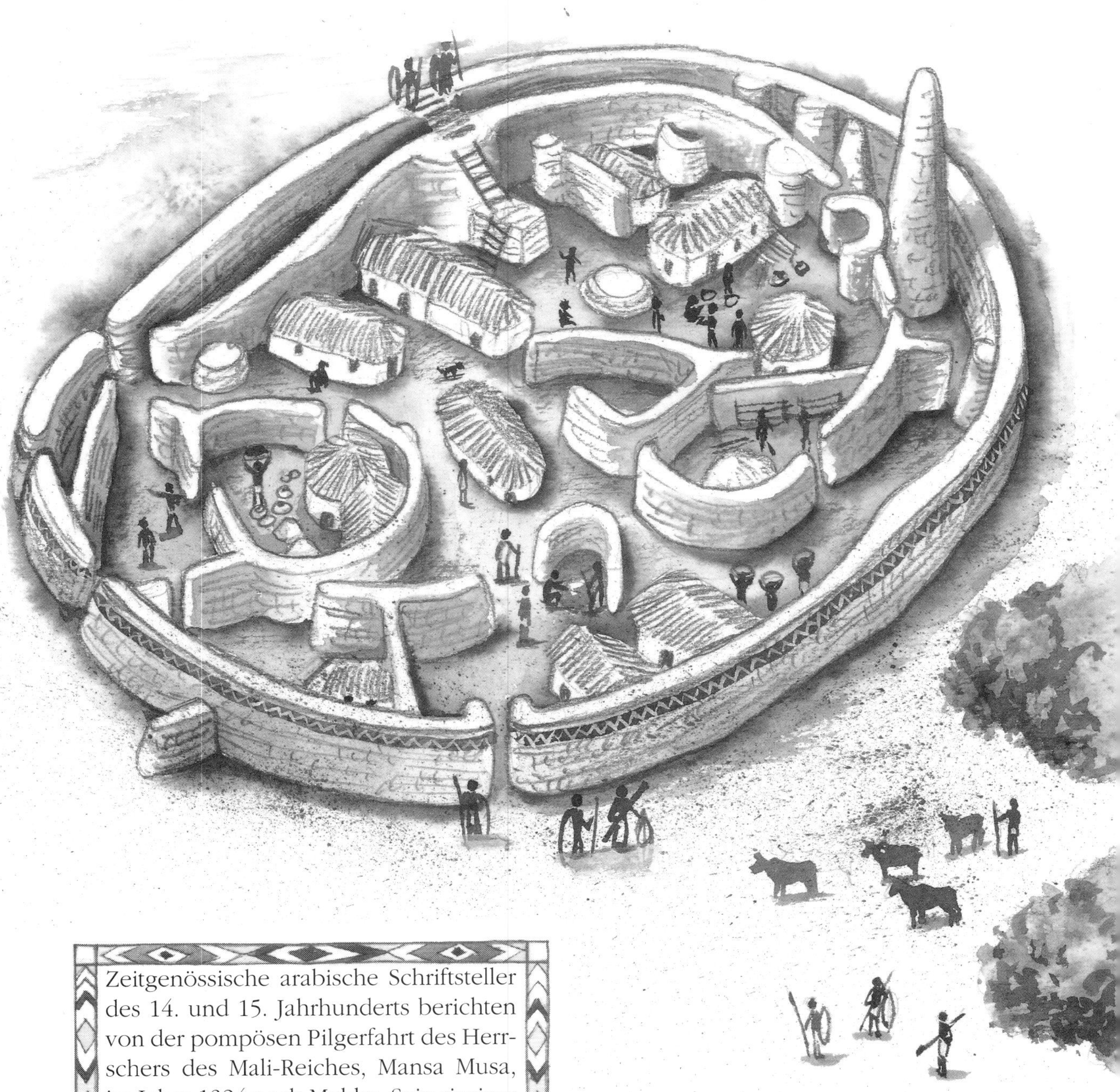

Zeitgenössische arabische Schriftsteller des 14. und 15. Jahrhunderts berichten von der pompösen Pilgerfahrt des Herrschers des Mali-Reiches, Mansa Musa, im Jahre 1324 nach Mekka. Sein riesiger Aufwand und Prunk waren noch jahrelang Gesprächsstoff. 500 Sklaven trugen große Mengen an Goldbarren. Mansa Musa und sein Gefolge sollen so viel Gold ausgegeben haben, dass dessen Wert erheblich fiel und noch Jahre brauchte, um den alten Stand wieder zu erreichen.

Die eingangs erwähnte europäische Kolonisation und vor allem der Sklavenhandel warfen die afrikanische Entwicklung zurück.

Trotz lokaler Weiterentwicklung konnte insgesamt jedoch der hemmende Einfluss der fortschreitenden Kolonisation nicht aufgehalten werden, die ökonomische und soziale Kluft zu Europa wurde immer größer. Europa profitierte fortan vom Niedergang Afrikas, denn Afrika gewann mit Beginn des 19. Jhd. zunehmend als Rohstofflieferant an Bedeutung. Viele Reisende begannen, den Kontinent wissenschaftlich zu erforschen. Diese Forscher bereiteten gewollt oder ungewollt die Kolonialherrschaft vor. Es gab spontane Abwehrkämpfe, aber durch Eroberung oder „Schutzverträge" rissen die Europäer immer mehr Territorium an sich. 1884/85 wurde die Aufteilung Afrikas auf der Berliner Kongo-Konferenz fixiert. Die Hauptkolonialmächte waren Großbritannien, Frankreich, Portugal, Belgien und Deutschland. 1900 waren 90,4 Prozent Afrikas im Besitz der europäischen Kolonialmächte. Afrika wurde eine Quelle billiger Arbeitskräfte und wertvoller landwirtschaftlicher Rohstoffe sowie Bodenschätze. Trotz zahlreicher Aufstände änderte sich im Wesentlichen nichts, Afrika wurde im Rahmen der internationalen Arbeitsteilung ein ausgebeutetes Glied der Weltwirtschaft und ein stimmloses in der Weltpolitik.

Drei Länder muss man in Afrika gesondert erwähnen. *Liberia* in Westafrika wurde von freigelassenen Negersklaven aus den USA gegründet und war nie Kolonie. *Äthiopien* im ostafrikanischen Bergland war ebenfalls keine Kolonie. Die *Republik Südafrika* wurde 1961 gegründet, sie war seit 1910 britisches Dominion. Sie ist ein hoch entwickelter Industriestaat, der für seine Rassen-Politik berüchtigt war. Seit April 1994 ist Nelson Mandela Präsident.

Nach und nach sammelten sich vor allem in den Städten Intellektuelle und Arbeiter in Parteien, Gewerkschaften u.a. Organisationen. Diese Tendenzen nahmen nach dem Zweiten Weltkrieg zu. Die Forderung nach Unabhängigkeit wurde immer lauter. Heute gibt es im Prinzip in Afrika keine Kolonien mehr.

Werfen wir einen Blick auf die politische Karte Afrikas, stellt sie sich wie bei jedem Kontinent als ein Ensemble von verschiedenen Staaten dar. Verblüffend ist, dass manche Grenzen über Hunderte, ja Tausende von Kilometern wie eine Gerade verlaufen, was für Ländergrenzen völlig untypisch ist. Die Ursache liegt darin, dass dies künstliche Grenzen sind, sie wurden auf der Kongo-Konferenz von den Europäern gezogen. Mit anderen Worten, es existieren zwar Staatsgebilde, der Prozess der Nationenbildung, wie er sich in Europa über Jahrhunderte hinzog, hat in Afrika nicht stattgefunden, sondern muss seit der politischen Unabhängigkeit sukzessive, langwierig und kompliziert nachvollzogen werden.

Auch wenn sich viele Afrikaner heute mit Stolz und Recht als Ghanese, Tansanier, Senegalese oder Äthiopier bezeichnen, kann dies letzten Endes nicht darüber hinwegtäuschen, dass es in Afrika eine ungeheure Vielfalt und Heterogenität von Völkern und Völkerschaften gibt.

Der Terminus „Stamm" wird häufig für die in Afrika lebende Bevölkerung benutzt. Dies ist aber grundsätzlich falsch, denn dieser Ausdruck ist an gentil organisierte Gemeinschaften, oder anders ausgedrückt, an die Urgesellschaft gebunden. Bedingt trifft er auf die im tropischen Regenwald lebenden Pygmäen und die im Süden Afrikas existierenden Buschmänner zu. Die richtige Bezeichnung ist „das Ethnos", was soviel wie „Völkerschaft" bzw. „Volk" bedeutet. Dieser Ausdrucksweise folgen auch wir.

Nach Erringung der staatlichen und politischen Souveränität wurden die Staaten Afrikas Mitglieder der internationalen Organisationen und deren Spezialorganisationen.
Nach einer Phase der Euphorie wurde klar, dass sich die wirtschaftliche und soziale Lage der Menschen kaum änderte. Damit entstand der soziale Nährboden für Unruhen, die heute häufig die Form von Bürgerkriegen annehmen. Verstärkt wird dies durch die komplizierte Situation zwischen den zahlreichen Völkerschaften. Verschiedene Ideologien, bis hin zur sozialistischen, kämpfen um die Vorherrschaft.
Die Konflikte laufen aber nicht nur in den Ländern selbst ab. Es gab separatistische Bestrebungen, wo sich Landesteile abtrennen wollten. Erfolgreich war dies bei der Provinz Eritrea, die sich von Äthiopien löste.
Die tiefere Ursache für diese Konflikte sind meist wirtschaftlicher Art. Andere Gründe, wie ethnische, sind oft nur Verbrämungen, wobei man die Gefühle der Menschen ausnutzt. Dies ist leicht, da aus der Kolonialzeit viele Ressentiments zwischen bevorzugten und weniger protegierten Ethnien bestehen, z.B. zwischen den Tutsi und den Hutu in Rwanda und Burundi. Wirtschaftlich geht es um die Verfügungsgewalt über die Bodenschätze, an denen einige Gebiete Afrikas sehr reich sind und die oft militär-strategische Bedeutung haben.
Die Industrie insgesamt ist in Afrika bis auf einige Zweige der verarbeitenden Industrie wenig entwickelt. Die Ausnahme bildet der Bergbau. Afrika nimmt mit seinen Erzvorräten einen vorderen Platz unter den Erdteilen ein; auch mineralische Brennstoffe wie Erdöl, Erdgas und Kohle sind reichlich. In der Förderung von Diamanten, Gold, Kobalt, Chrom, Lithium, Beryllium, Germanium, Rodium, Mangan u.a. liegt es an der Spitze der Erdteile. Auch bei der Förderung von Platin, Kupfer, Zinn, Zink, Blei, Eisenerz, Graphit, Bauxit und Erdöl nimmt es einen vorderen Platz in der Welt ein.
Was nimmt es Wunder, dass diese Schätze für jeden interessant sind. Die Ausbeutung erfolgt in der Regel durch die großen internationalen Monopole, in deren Interesse es auch liegt, ihnen genehme Regimes an der Macht zu halten oder an die Macht zu bringen. Selbstverständlich werden diese Machtrepräsentanten am Reichtum beteiligt, während die Masse des Volkes immer mehr in Armut versinkt.
Der Reichtum Afrikas an Bodenschätzen legt auch seine Rolle in der Weltwirtschaft fest. Es wurde zum Rohstofflieferanten und Absatzmarkt für Fertigprodukte degradiert. Die niedrigen Preise für die Rohstoffe und die hohen für die Fertigprodukte haben die Verschuldung Afrikas in astronomische Höhen wachsen lassen. Mit Fug und Recht wird gesagt, dass Afrika trotz seines Reichtums das „Armenhaus der Welt“ ist. Unter den zehn ärmsten Ländern der Welt sind allein sieben afrikanische vertreten.
Das Anlegen von Plantagen für Monokulturen wie Sisal, Kakao, Kaffee, Bananen, Zitrusfrüchten u.a. in Verbindung mit Dürreperioden und der stark steigenden Bevölkerungszahl ließen die Nahrungsmittelproduktion stark sinken, so dass Unterernährung, Hunger und epidemische Krankheiten an der Tagesordnung sind. Die geringen Exporteinkünfte müssen deshalb teilweise auch für Nahrungsmittelimporte verwendet werden. Aus dem ehemaligen Nahrungsmittelexporteur Afrika ist heute ein Nahrungsmittelimporteur geworden.

Die Bewohner Afrikas mit ihrer Kultur und Lebensweise

Das Leben der Menschen in Afrika ist in der Vergangenheit durch Verhältnisse geprägt worden, die noch bis heute wirksam sind. Zum einen sind dies das tropische und zum Teil subtropische Klima und die geographischen Gegebenheiten, zum anderen eine lange Geschichts- und Kulturtradition.
Wie bereits beschrieben, wurde das Leben der Bewohner Afrikas zudem sowohl von vielen innerafrikanischen als auch äußeren Einflüssen so verändert, dass heute eine Mischung von traditionellen und modernen Lebensformen existiert. Man trifft das Alte, wenn auch teilweise verändert, vor allem in den Dörfern an, das Neue, zwar in erster Linie in den Städten, ist aber unübersehbar.

Es scheint uns oft so, dass es **eine** afrikanische Kultur und Lebensweise gibt. Das ist aber ein Irrtum. Natürlich gibt es Gemeinsamkeiten, aber viel wichtiger ist die große Vielfalt, die von Ost nach West, von Nord nach Süd anzutreffen ist.
Diese Vielfalt und Unterschiedlichkeit betrifft alle Lebensbereiche, von der Arbeit über das Wohnen, die Nahrung, Bekleidung, Musik, Tänze und andere Sitten und Gebräuche sowie weitere künstlerische Beschäftigungen bis hin zu den Spielen, mit denen sich die Kinder befassen.

Geografie und Klima

Wir können unser Verständnis für Afrika erleichtern, wenn wir uns einen Globus oder Atlas nehmen. Beim Atlas schlagen wir die physische Weltkarte auf, wo wir die landschaftliche Gliederung unserer Erde anschaulich betrachten können.

Dabei fällt uns auf, dass Afrika sehr groß ist. Mit rund 30 Millionen Quadratkilometern ist es der drittgrößte Kontinent nach Asien und Amerika und damit dreimal so groß wie Europa. Es erstreckt sich beiderseits des Äquators. Die Küste ist kaum gegliedert, d.h., dass es so gut wie keine Halbinseln gibt. Die wenigen Inseln machen nur etwa zwei Prozent der Gesamtfläche Afrikas aus, hervorhebenswert ist Madagascar, das mit 590.000 Quadratkilometern die viertgrößte Insel der Welt ist.

Afrika hat eine lange Küste und wird im Norden vom Mittelmeer, im Westen vom Atlantischen, im Osten vom Indischen Ozean sowie vom Roten Meer umspült. Es gibt nur eine schmale Stelle, wo eine 125 Kilometer lange Landverbindung mit Asien besteht, die zudem noch vom Suezkanal durchschnitten wird. Während Amerika recht weit entfernt ist, nämlich 2.800 Kilometer von Sierra Leone bis Ostbrasilien, nähern sich Afrika und Europa an der Straße von Gibraltar bis auf 14 Kilometer.

Die Oberfläche Afrikas wird durch Becken, Senken und Hochflächen charakterisiert. Zahlreiche Flüsse entwässern teilweise den tropischen Regenwald, der sich beiderseits des Äquators im Zentrum des Kontinents befindet. Im Zentralafrikanischen und Ostafrikanischen Graben befinden sich zahlreiche große Seen.

Der Kilimandjaro als höchster Berg Afrikas liegt praktisch am Äquator. Von der Stadt Moshi aus, die zu seinen Füßen liegt, ist eine Besteigung möglich, denn es bedarf keiner Bergsteigerkenntnisse. Mit Hilfe von Trägern kann der Gipfel in drei Tagen bestiegen werden. Das Besondere dabei ist, dass in diesen drei Tagen die verschiedenen Klimazonen der Erde passiert werden. Man bricht in den Tropen auf, kommt durch die Subtropen und die gemäßigte Zone und erreicht schließlich arktische Gefilde, denn der Gipfel des Kilimandjaro ist das ganze Jahr über mit Schnee und Eis bedeckt.

Durch die Lage beiderseits des Äquators bedingt, stellt Afrika einen typisch tropischen Erdteil mit entsprechendem Klima dar. Im Tropengürtel beiderseits des Äquators fallen während des ganzen Jahres Niederschläge, so dass eine üppige immergrüne Vegetation vorherrscht, der tropische Regenwald. Dieser bildet drei Stockwerke: 1. hohe Büsche und kleine Bäume, 2. Bäume, die mit einer Höhe von 30 - 40 Metern ein dichtes Dach bilden, 3. Urwaldriesen mit bis zu 60 Meter Höhe.

Nördlich, südlich und östlich des Regenwaldes schließen sich die Savannen an, in denen wir teilweise längere Trockenzeiten antreffen. Dementsprechend fehlt der dichte Wald. Lichter Wald, Grasfluren mit einzelnen Bäumen, wie Affenbrotbaum, Fächerpalmen und Akazien sind vorherrschend. An den Rändern gehen die Savannen in Steppen über, in denen sechs bis elf Monate Trockenzeit herrscht und nur spärlicher Baumwuchs und lichte Grasbüschel existieren. In den noch trockeneren Gebieten finden wir die Dornbuschsavanne und schließlich die Wüstengebiete. Im Inneren der Sahara, in Nordafrika, regnet es nicht, nur wenige Oasen sind anzutreffen.

Völker, Sprachen, Religionen

Betrachten wir die ethnische Situation, dann können wir feststellen, dass in fast allen Staaten eine große Zahl von Völkerschaften existiert, die wiederum durch einen unterschiedlichen Entwicklungsstand gekennzeichnet sind. Die Bevölkerungszahl der einzelnen Völker geht dabei von einer geringen Population bis zu einer Kopfzahl von vielen Millionen, z.B. die Hausa, die Igbo oder die Yoruba in Nigeria.
Wir können dieses Bild aus Bevölkerungswanderungen, dem genannten Sklavenhandel, und der europäischen Kolonisation mit ihrer willkürlichen Grenzziehung erklären.
Die Vielfalt der Völker-Struktur ist ebenfalls in der sprachlichen Situation anzutreffen, wobei sie aber nicht deckungsgleich sind.
Man nimmt im Allgemeinen an, dass es in Afrika 700 bis 1.000 verschiedene Sprachen und Dialekte gibt. (In Europa hingegen gibt es nur etwa 60 Sprachen.) Es gibt dabei solche, die nur von einzelnen Ethnien gesprochen werden. Andere wiederum dienen als Verkehrssprache, wie z.B. das Hausa (ca. 50 Mio. Sprecher), und manche haben sogar integrierende Funktion beim Prozess der Herausbildung der Nation, wie das Kiswahili. In manchen Ländern gibt es keine derart dominierende Sprache, dann sind die bedeutendsten gleichrangig. Viele behaupten, dass die afrikanischen Sprachen primitiv sind. Dies ist aber nicht so. Lebende Sprachen können sich entwickeln, ein Beweis ist, dass die Werke Shakespeares ins Kiswahili oder die Einsteinsche Relativitätstheorie ins Wolof, das im Senegal gesprochen wird, übersetzt wurde. Es gibt keine primitiven Sprachen, nur primitive Ansichten über sie. Die afrikanischen Sprachen werden in der Regel in vier große Sprachfamilien eingeteilt, dazu kommt das Madagassische auf der Insel Madagaskar, das Afrikaans in Südafrika und die Sprachen der eingewanderten Inder.

Ursprünglich existierten in Afrika animistische oder auch Naturreligionen.
Im Verlauf der Geschichte geriet der Kontinent unter den Einfluss zweier Weltreligionen, des Islam und des Christentums. Trotzdem blieben aber in vielen Ländern die Naturreligionen stark.
Der Islam gewann seinen Einfluss vor allem durch den Handel, wie in Ostafrika, oder den schon erwähnten „Heiligen Krieg", d.h. Eroberungen, z.B. in Westafrika. Nach und nach bekannten sich viele zum Islam. Dabei muss beachtet werden, dass der mohammedanische Glauben oft aufgepfropft ist, viele traditionelle Gebräuche aber weiterhin gepflegt werden, bis hin zur Götterverehrung. Interessant ist dabei, dass dies vom Islam bzw. seinen Repräsentanten toleriert wurde und auch heute noch wird.

Weniger tolerant war das Christentum, obwohl es letztendlich kein anderes Ergebnis erzielen konnte. Das Christentum kam mit dem Auftauchen der Europäer, vorerst das katholische, später auch das protestantische. Das Wirken der Christen erfolgte in der Regel über Missionstätigkeit. Welche

Konfession in den jeweiligen Ländern stärker vertreten ist, hängt in starkem Maße von der im ehemaligen Kolonialland dominierenden Religion ab.

Grob geschätzt, da es keine genaue Statistik darüber gibt, sind in Afrika 30 Prozent der Bevölkerung Mohammedaner (Schiiten und Sunniten), 30 Prozent Anhänger der verschiedenen Formen der christlichen Religion (Katholiken, Protestanten, afrikanische Nationalkirchen und Sektenbewegungen) und 30 Prozent Gläubige verschiedener Naturreligionen. Die restlichen 10 Prozent sind Anhänger des Hinduismus, vorwiegend an der Ostküste Afrikas und in Südafrika, und des Judaismus. Darin enthalten ist auch die relativ geringe Zahl von Atheisten.

Organisationsformen des Lebens

Afrika umfasst etwa 20 Prozent der Landfläche, aber nur ca. 11 Prozent der Erdbevölkerung, d.h. Afrika ist ein relativ dünn besiedelter Kontinent; in Bezug auf die Bevölkerungszunahme steht es jedoch an der Spitze in der Welt. Mit wenigen Ausnahmen leben je nach Staat etwa 80 bis 95 Prozent der Bevölkerung auf dem Lande.

Der hohe Anteil ländlicher Bevölkerung dominiert nach wie vor den Lebensrhythmus Afrikas. Aus dem kulturellen Erbe gewachsen, bestimmen auch heute noch zum großen Teil die Großfamilie, die Dorfgemeinschaft oder die Nomadengruppe als wichtigste Organisationsformen der Bodenbauern und Viehzüchter das Leben, wenn sie auch seit der Kolonialzeit gewissen fremden Einflüssen und daraus resultierenden Veränderungen unterlagen und noch unterliegen. In diesen Organisationsformen, die noch weitgehend in sich ruhende wirtschaftliche und soziale Einheiten darstellen, wird einerseits nahezu alles produziert, was man als Subsistenzwirtschaft bezeichnet, andererseits sind sie der Bereich künstlerischer Aktivitäten, des Wirkens der verschiedenen Institutionen sowie der Bewahrung traditioneller Sitten, Gebräuche, Rituale, Zeremonien und Feste, der Ort, wo Normen und Werte des Zusammenlebens regulierend bestehen. All dies schließt nicht aus, dass moderne Einflüsse teilweise deutlich spürbar sind, wofür das batteriebetriebene Transistorradio, das vom Netzstrom unabhängig ist, als ein Beispiel stehen soll.

Die grundlegenden Lebensbedürfnisse

Wie überall in der Welt haben sich auch in Afrika - in Abhängigkeit von den dominierenden wirtschaftlichen Tätigkeiten, dem geographischen Milieu sowie der kulturellen Tradition - spezifische Formen der Bekleidung und des Schmückens, der Häuser, Hütten und Hausgerätschaften sowie der Nahrung und Nahrungszubereitung herausgebildet.

Bekleidung und Schmuck

In Afrika beherrscht mittlerweile die europäische Kleidung - vor allem in den Städten - in vielen Fällen das Straßenbild; wir treffen jedoch immer noch die traditionelle Bekleidung an, die bei den verschiedenen Völkern sehr unterschiedlich ist. Im Gegenteil. In manchen Ländern wird Wert darauf gelegt, das Traditionsbewusstsein auch in Fragen der Bekleidung wach zu halten.

Weit verbreitet sind Umhänge und Tücher, die häufig auch von Männern getragen werden. Sie werden aus Baumwolle produziert und gefärbt, einfarbig, wie die roten Umhänge der Masai oder auch bunt, mit Mustern, sie können auch bestickt sein, wie in Äthiopien; sie werden, je nach Größe, auch als Rock, Oberteil, Kopfbedeckung, Kindertragetuch o.a. benutzt. Sie werden dabei um den Körper geschlungen und befestigt, so wie bei uns ein Badetuch oder eine Badestola getragen wird.

Eine Besonderheit existiert bei der islamischen Bevölkerung. Die Frauen tragen in der Öffentlichkeit ein großes schwarzes Gewand, das vom Kopf bis zu den Füßen reicht und auch das Gesicht verschleiert; die Männer haben eine weiße Kopfbedeckung und ein fußlanges weißes Hemd. Diese Männerbekleidung ist eigentlich nur für die Zeit des Gebetes und für den Moscheebesuch gedacht, wird aber auch mangels anderer Bekleidung den ganzen Tag über, auch bei der Arbeit, getragen.

Wie überall auf der Welt, schmücken sich auch die Afrikaner gern, besonders die Frauen. Als natürlichen Schmuck kann man die Frisuren sehen. Die Frauen tragen meist kleine Zöpfe in verschiedenen Formen; eine Ausnahme bilden die Masai, bei denen die Mädchen und Frauen den Kopf kahl scheren. Die Männer tragen ihr krauses Haar kurz. Man kann den Friseur manchmal mit einem Stuhl unter einem Baum finden, wo er mit stromlosem Gerät seinem Handwerk nachgeht. Die Kämme sind aus Holz geschnitzt und haben wenige lange und kräftige Zinken, um das Haar zu bändigen. Andere Arten des Schmückens sind Körperbemalung und Tätowierung.

Etwas Besonderes besteht darin, Körperteile mit Holz- oder Metallteilen von Kindheit an zu versehen, so dass diese mehr oder weniger deformiert werden. Man findet Holzstäbchen in der Nase oder den Ohren, halbrunde Holzplättchen innerhalb der Unterlippe, eingeschnittene und tiefhängende Ohrläppchen, mit Schmuck versehen, eingewachsene Armreifen u.Ä. Darüberhinaus gibt es eine Vielzahl von Fingerringen, Ketten, Armreifen, Kragen, Kreuzen oder Ohrringen, die aus Glasperlen, Holz, Metall, Muscheln, Stoff, Korallen, Fischgräten, Knochen, Elfenbein, Federn, Giraffen- oder Elefantenhaar, getrockneten Früchten oder Fruchtkernen u.a. gefertigt und bunt oder in ihrer natürlichen Farbe hergestellt werden.

Häuser, Hütten und Hausgerätschaften

Das Wohnen bzw. die Architektur bei den sesshaften Ackerbauern fand im dörflichen Verband oder - wie z.B. in Äthiopien - in einzelnen Gehöften statt. Trifft man heute auch aus Stein gefertigte Häuser, war das traditionell nicht so. Die typischen Materialien für den Hausbau sind Lehm, Holzstangen, Bambus, Palmblattrippen, Gras oder auch Hirse- bzw. Reisstroh. Zunehmend wird auch mit Steinen gebaut; Wellblech dient ebenfalls oft als Baumaterial, z.B. für die Dächer. Die Formen sind natürlich nicht einheitlich, sie reichen von Rundhütten über rechteckige Langhäuser, bienenkorbartige Kuppelhütten, Giebeldachhäuser, Flachdachhäuser, Hütten mit Obergeschoss bis hin zu Pfahlbauten bei Fischern. Neben den Wohnhäusern existieren Gebäude für die Aufbewahrung der geernteten Feldfrüchte, Häuser für rituelle und kulturelle Ereignisse, spezielle Frauen-, Kinder- und Gästehäuser sowie Unterkünfte für das Vieh. Moscheen und Kirchen ordnen sich in das Ensemble ein. In den Küstengebieten ist Steinarchitektur und in den Sudangebieten Lehmziegelbauweise anzutreffen. Je nach kultureller Tradition sind die Häuser mit Zierrat versehen, von Malereien bis zu kunstvollen Holzschnitzereien, wie in Sansibar oder bei den Dogon.

Bei den Viehzüchtern, die meist nomadisieren, ist dies etwas anders. Die Abhängigkeit vom wandernden Vieh erfordert einen Haus- bzw. Hüttentyp, der ohne große Mühe und schnell ab- oder aufgebaut werden kann. Folgerichtig sind die Haus- oder genauer Zeltkonstruktionen aus Stangen sowie Leder oder Fellen.

Die Palette der verwendeten Gerätschaften im Haushalt ist vielgestaltig, wobei ein großer Einfallsreichtum der Bearbeitung der in der Natur vorkommenden Rohmaterialien zu erkennen ist. Wählen wir uns z.B. die Kokospalme aus, so finden wir dort, wo sie wächst, u.a. folgende Möglichkeiten der Verarbeitung, ohne hier das Innere der Frucht als solches zu beachten. Der Stamm liefert Holz zum Bauen oder Schnitzen, die Blätter sind für Wände oder Dächer zum Hausbau geeignet, man kann aus ihnen auch Trinkröhrchen, Körbe und Röcke herstellen, die äußere Schale der Frucht wird durch Schlagen weich geklopft, mit diesen Fasern werden Schlafunterlagen ausgestopft; die eigentliche Fruchtschale schließlich eignet sich als Trinkgefäß oder, wenn sie mit einem längeren Stiel versehen ist, als Schöpfkelle. Wichtige Hausgeräte sind Mörser und Stößel sowie der Topf bzw. Kessel.

Mit dem Mörser und Stößel werden Getreidesorten wie Mais und Hirse zerstampft, im Kessel wird dann auf offenem Feuer das Essen zubereitet. Weit verbreitet sind Kessel aus Kupfer oder Aluminium. Das Feuer wird meist von drei Steinen umgeben, auf denen der Kessel ruht. Auf diese Weise kann man bequem umrühren. Die Feuerstellen befinden sich meist im Freien, was bei dem afrikanischen Klima angebracht ist und außerdem das Problem des Rauchabzugs elegant löst. Auch hier sind die einzelnen Abläufe natürlich unterschiedlich. Im Regenwald, wo es jeden Tag zu bestimmten Zeiten regnet, wird die Feuerstelle mit einem leichten Schutzdach auf Holzstangen versehen. Aber auch hier kann der Rauch unbehindert abziehen, gleichzeitig wird das Feuer geschützt.

Während Messer, aus Eisen bzw. Stahl geschmiedet, zum Schneiden und Zerkleinern sowie aus Holz geschnitzte Löffel zum Essen gang und gäbe sind, ist die Gabel ursprünglich nicht typisch in Afrika. Gegessen wird natürlicherweise mit den bloßen Händen. In vielen Gegenden Afrikas, vor allem den islamisch-beeinflussten Gebieten, wird nur mit der rechten Hand gegessen, da die linke als unsauber gilt. Mit großer Geschicklichkeit wird Brot u.Ä. zerkleinert; beim Brei wird mit der rechten Hand ein kleiner Teil abgesondert, mit den Fingern zusammengedrückt, mit der rechten Hand aufgenommen, zu einem Bällchen geformt und in den Mund geschoben. Dazu muss der Reis natürlich kleben. Teller oder kleine Schüsseln sind anzutreffen, häufig steht der Kessel oder eine große Schüssel in der Mitte der Essensteilnehmer, woraus sich alle bedienen. Als Teller oder Schüsseln wird natürliches Material wie Kokosnüsse oder Bananenblätter verwendet, oft sind sie aus Ton geformt und getrocknet oder gebrannt.

Nahrung und Nahrungszubereitung

In Gebieten, die nicht von Dürrekatastrophen, Kriegen oder Hungersnöten heimgesucht werden, kann der Speisezettel der ackerbauenden Bevölkerung sehr mannigfaltig sein. Das hängt allerdings auch davon ab, wie reich oder arm die Familie ist.

Genauso wie es früher in Deutschland war, sind die Feld-, Garten- und Waldfrüchte und -pflanzen die einfachste Nahrungsgrundlage. Sie werden als Früchte gegessen, oder, in erster Linie Getreide- und Knollenprodukte, zu Brot, Suppen oder Brei verarbeitet oder in ihrer ganzen Form nach Kochen, Braten o.Ä. zu sich genommen.

Je nach Besitzstand und Siedlungsplatz gibt es Fleisch und Fisch, auf unterschiedliche Art zubereitet. Bei den Viehzüchtern, die in einigen Ländern wie Somalia das Gros der Bevölkerung bilden, sind die tierischen Produkte die Hauptnahrungsmittel. Interessant ist dabei, dass Rindfleisch nur relativ selten gegessen wird. Die Zahl der Rinder gilt häufig als Statussymbol. Die Rinder werden deshalb meist nur nach zeremoniellen oder Notschlachtungen gegessen, die Milch und Milchprodukte sind hier vor allem wichtig.

Durch Handel und Sammeln erlangt man auch pflanzliche Nahrungsmittel. Schweine sind nur in einigen Gebieten anzutreffen; dort, wo der Islam vorherrscht, ist der Genuss von Schweinefleisch aus religiösen Gründen verboten. Ab und an werden auch Wildtiere wie Antilopen verspeist, es ist aber nicht das Typische.

Als Getränk wird vieles gereicht, vom einfachen Wasser über Milch von Tieren oder Kokosnüssen, Fruchtsaftgetränke, verschiedene Teesorten, Kaffee bis hin zu Bier, Wein oder anderen alkoholischen Getränken, selbst produziert aus verschiedenen Pflanzen, wie z.B. Palmwein oder -schnaps, oder importiert. Manche Völker haben ganz eigene Getränke entwickelt, wie das noch weiter oben als Spiel erklärte Masai-Getränk.

Bekleidung und Schmuck

Ich habe meine Sandalen
befragt, und sie weissagten,
was mir geschehen wird.
(Sprichwort aus Kenia)

Rock

Zur traditionellen Bekleidung der Frauen gehört es, eine Bahn Stoff um die Schultern als Umhang zu legen. Einige Frauen schlingen sich das Stoffstück auch um die Hüften und erhalten so einen Rock. Es gibt Völker, bei denen die Männer Röcke bzw. Umhänge tragen.

Material: Stoffbahn
Alter: ab 3 Jahren

Die Stoffbahn sollte in ihrer Breite von der Hüfte bis zu den Waden gehen und so lang sein, dass sie vorn oder an der Seite gut mit den Oberzipfeln gebunden werden kann. Wer möchte, kann vorher den Stoff mit afrikanischen Mustern batiken bzw. färben oder mit Stempeln bedrucken.

Kokosröckchen

Material: Packschnur, Hanffäden*, Schere
Alter: ab 4 Jahren

1,20 m Packschnur wird als Rockbund genommen. Auf etwa 50 cm in der Mitte des Rockbundes werden 70 cm lange Hanffäden in folgender Art befestigt: Jeden Hanffaden auf Mitte zusammenlegen, die Schlaufe um die Packschnur schlingen und zum Schlaufenknoten durchziehen. So alle Fäden nebeneinander aufreihen.
Variante: statt Hanf Bast nehmen; je drei Fäden gelb, blau und grün abwechseln.

Kopftuch

Tücher aus demselben Stoff wie Kleid oder Rock, manchmal auch aus anderem Stoff, werden von den Frauen auf verschiedene Art kunstvoll um den Kopf geschlungen, um ihn vor Sonne zu schützen. Bei den Ewe in Togo bedeutet das Kopftuch, dass die Frau verheiratet ist.
Wird das Kopftuch zu einem Ring gelegt, dient es als Unterlage beim Tragen von Lasten.

Material: großes Tuch
Alter: ab 3 Jahren

Das Kopftuch entsprechend den nebenstehenden Angaben um den Kopf schlingen. Ist der Stoff einfarbig, kann er vorher bedruckt oder gebatikt werden.

1. **Variante** (aus Westafrika)
Eine Bahn Stoff oder ein Kopftuch von etwa 1 m Länge und 80 cm Breite zweimal auf Länge zusammenlegen, dass ein schmales Stück entsteht. Die Mitte davon am Hinterkopf anlegen, die beiden „Zipfel" nach vorn ziehen. Über der Stirn die „Zipfel" einmal oder zweimal miteinander verdrehen, dann eins links und eins rechts an der Seite des Kopfes vorbei zum Nacken legen und einmal miteinander verschlingen. Die hängenden Zipfel auseinander ziehen und rechts oder links über dem Ohr ins Tuch stecken. (Sie können aber auch im Nacken hängen bleiben.)

2. **Variante** (aus Westafrika)
Die Stoffbahn zu einem Dreieck legen, die Mitte des langen Schenkels am Haaransatz der Stirn beginnend auflegen. Die Schenkelenden links und rechts nach hinten ziehen, dabei einen Schenkel so weit herum schlingen, dass er seitlich verknotet werden kann. Die hängenden Enden miteinander verdrehen und als ein Stück oben über den Kopf legen. An der anderen Kopfseite unterschieben. Das im Nacken noch hängende Zipfelchen hochlegen und einstecken.

Spielanregungen

- Das Kopftuch wie bei Variante 1 zusammenlegen und das entstandene schmale Stück zu einem Ring auf den Kopf legen. Mit einer Obstschale balancieren.

- Das Tuch ausbreiten und an den Ecken und Rändern von mehreren Kindern anfassen und waagerecht hochheben lassen. In die Mitte Körner (z.B. Hirse) legen und rütteln. So entsteht eine Rüttelmusik.

Masai-Armreif

Material: goldfarbenes Prägeblech* (mittlere Stärke), Schere, Lineal, Bleistift
Alter: ab 3 Jahren (mit Hilfe von Erwachsenen oder in altersgemischter Gruppe)

Eine mittlere Stärke von goldfarbenem Prägeblech nehmen. Mit Bleistift und Lineal darauf ein Rechteck von 6,5 cm Breite und entsprechend der Oberarm- oder Unterarmstärke etwa 15 bis 20 cm Länge aufzeichnen. Das Rechteck ausschneiden.
An beiden Schmalseiten des Rechtecks etwa 0,5 cm Prägeblech nach innen einknicken. Dann am Oberarm oder/und Unterarm anlegen und das eine Ende des Schmalstücks etwa 2 cm (entsprechend der Armdicke) nach außen kanten. Jetzt das andere Ende des Schmalstücks darin einhaken und am Arm andrücken. Das Material schmiegt sich sehr gut an.

Variante: Wer es verzieren möchte, kann ein Muster mit Holzstäbchen und Holzhammer einhämmern. Wird das so bearbeitete Stück von der anderen Seite betrachtet, erscheinen die Vertiefungen durch das Einhämmern als aufliegendes „Positiv". Beide Seiten sind reizvoll und können als Verzierung getragen werden.

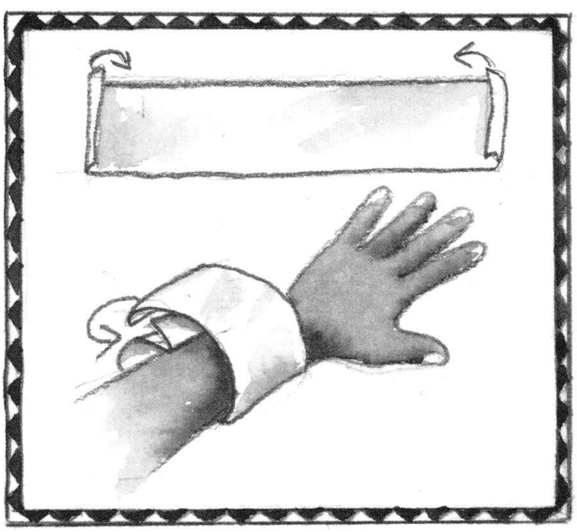

Ohrringe

Material: goldfarbenes Prägeblech* (mittlere Stärke), Schere, Band für die Stirn, kleine Bändchen
Alter: ab 3 Jahren (in altersgemischten Gruppen)

Einen 22 cm langen und 0,5 cm breiten Streifen vom mittelstarken Prägeblech abschneiden. Die Enden ein wenig ineinander verdrehen und über die Ohrmuschel hängen. Wer möchte, kann die Ringe auch größer schneiden und mehrere ineinander hängen.
Entsprechend der traditionellen Mode vieler ethnischer Gruppen können auch mehrere Ringe über dem Ohr an einem Kopfreif befestigt werden. Dazu wird ein Band um die Stirn gebunden, das als Kopfreif dient. Direkt über beiden Ohren werden am Stirnband je ein senkrechtes Bändchen befestigt, das bis zum Ohr hängt. Daran wird jeweils der erste Ring gebunden. Weitere Ringe können eingehängt werden.

Masai-Tuch

Die traditionelle Bekleidung der Masai besteht aus einem roten Stoffstück, das in gerader Linie von den Schultern bis zu den Knöcheln reicht. Es wird von Frauen und Männern gleichermaßen getragen. Die besonders hoch gewachsenen Gestalten der Masai sind deshalb immer weithin sichtbar. Komplettiert wird das Masai-Tuch durch einen Masai-Kragen, der als Halsschmuck in Ostafrika verbreitet ist (z.B. in Kenia, Uganda, Tanzania).

Material: großes rotes Tuch (evtl. Fahnenstoff oder Krepppapier)
Alter: ab 3 Jahren (mit Erwachsenen oder in der altersgemischten Gruppe)

Entsprechend der Größe der Kinder (messen von der Achselhöhle bis zu den Füßen) das Tuch rechteckig wie ein Badetuch zuschneiden. Nur mit einem Knoten an der Schulter befestigen - fertig!

Umhang

Die Vorläufer der Stoffumhänge waren Lederumhänge. Sie boten nicht nur Schutz gegen Kälte, sondern bezeichneten auch wichtige Lebensabschnitte: z.B. Heirat (Brautumhang), Initiation, Weisheitssymbol für alte Menschen. Die Umhänge, mit Perlen oder bei einfacheren Menschen mit Naturprodukten bestickt, zeigen oft Reichtum, Stolz, sozialen Status.
Heute benutzen die Afrikaner als Statussymbol gern Frotteehandtücher, die sie sich um die Schultern hängen. (s.a. Die Lederjacke, S. 28)

Material: Frisierumhang, grüner oder brauner Stoff, Nähnadel, Faden, Schere, Bleistift, Perlen* aus Knochen, Palmholz, Horn, Koralle, Glas, Perlmutt; Schnürsenkel, Sonnenblumenkerne, Stecknadeln
Alter: ab 5 Jahren (Variante: ab 3 Jahren)

Den Frisierumhang auf den Stoff legen, mit Stecknadeln feststecken, ausschneiden. Auf dem ausgeschnittenen Umhang ringsherum im gleichmäßigen Abstand vom Rand mit Bleistift anpunkten, wo Perlen oder Sonnenblumenkerne aufgenäht werden. Durch die Verschiedenfarbigkeit der Perlen und durch ihre unterschiedliche Größe wird die Buntheit erzielt. (Farbe Weiß hebt sich besonders gut ab). Als Schließbänder Schnürsenkel in kleine, mit der Schere geschnittene Löchlein knüpfen.

Variante für 3-Jährige: In altersgemischten Gruppen kann der Umhang von den größeren Kindern so weit vorbereitet werden, dass die 3-Jährigen nur noch farbige Papierpunkte mit Alleskleber auf dem Stoff befestigen brauchen.

Tragetuch

In fast allen afrikanischen Ländern tragen die Frauen ihre Kleinkinder im Tragetuch auf dem Rücken. So lernt das Kind den Rhythmus, die Gerüche, die Hitze, die Tierlaute, alles mit dem Leben der Mütter Verknüpfte kennen und hat durch ihre Nähe Geborgenheit. Es gibt verschiedene Arten des Bindens und Tragens - in unserem Beispiel wird eine von vielen erklärt.

Material: großes rechteckiges Tuch, Puppe
Alter: ab 4 Jahren

In die Mitte des Tuches wird die Puppe gesetzt, so dass Kopf und Arme oben, Füße unten herausschauen. Dann wird die Puppe mit dem Tuch auf den Rücken der Puppenmutter gelegt. Diese knotet zuerst die oberen Tuchzipfel über ihrer Brust zusammen, dann die unteren über ihrem Bauch.

Zaina
(Sambaa, Tanzania)

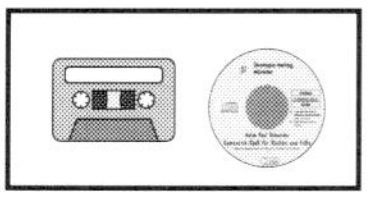

Oft helfen die größeren Mädchen ihrer Mutter im Haus. Sie kaufen ein, holen Wasser vom Fluß und spielen mit ihren kleinen Geschwistern wenn die Mutter auf den Markt ins nächste Dorf geht, um dort einzukaufen oder das Gemüse und Obst aus dem eigenen Garten zu verkaufen. Bei den Sambaa in Tanzania nimmt die große Schwester das Baby auf den Arm und singt es in den Schlaf.

Zaina kwea nyokwe akuitanga 2X
Umgue mwana umgue mwana
Nyokwe aite segea 2X

Zaina nimm die Schwester auf den Arm 2X
Denn deine Mutter, denn deine Mutter
Muß nach Segea gehn

Zaina hol das Wasser dört vom Fluß 2X
Denn deine Mutter, denn deine Mutter
Muß nach Segea gehn 2X

Perlen und Ketten

Die Afrikaner stellen Perlen aus Knochen, Palmholz, Horn, Korallen, Glas, Perlmutt und Ebenholz her. Daraus ergibt sich die Vielfarbigkeit. Frauen und Mädchen schlingen sich oft mehrere Ketten zugleich um den Hals.
Usanga heißt in Kenia eine Zierkette der Mädchen, die um die Hüften geschlungen wird. Aus dem Blatt eines Palmstrauches flechten die Mädchen kleine Bälle und legen in deren Mitte kleine Steinchen. Viele Bälle aneinander gereiht ergeben die Usanga, die beim Tanzen rhythmische Geräusche erzeugt.
Kleine Perlen werden für Stirnreifen benutzt. Größere Perlen werden wie ein Gürtel um die Hüften geschlungen. Perlen sind Schmuck und zeigen den sozialen Status, Reichtum oder Armut des Trägers. Außer traditionellem Schmuck tragen die Afrikaner inzwischen aber auch gern europäischen, denn sie sehen vieles Fortschrittliche aus Europa kommen und wollen sich so damit identifizieren.

Material: Fimo-Modelliermasse*, Schaschlikspieße aus Metall, Stein- oder Acrylfarben*, Pinsel, Faden, Schere, Flaschenkorken, Messer, dicke Nähnadel, farbloser Lack, Alleskleber, buntes Zeitschriftenpapier
Alter: ab 3 Jahren

Perlen aus Fimo
Die Fimo-Modelliermasse in verschieden große Kugeln rollen. Mit dem Schaschlikspieß in der Mitte durchstoßen, um ein Loch für das spätere Auffädeln zu erhalten. Den Spieß mit den Perlen über eine feuerfeste Schüssel legen und bei etwa 120°C ca. 30 Minuten im Backofen härten. Nach dem Herausnehmen und Abkühlen den Spieß entfernen.
Mit Stein- oder Acrylfarben bemalen, trocknen lassen, mit farblosem Lack bestreichen und zur Kette auffädeln. Diese Kette wird um den Hals getragen.

Perlen aus Kork
Perlen können auch längliche Formen haben. Dazu Flaschenkorken in ihrer natürlichen Form nehmen. Mit Acrylmattfarben oder/und Decorlack bemalen, trocknen lassen, mit dem Schaschlikspieß ein Loch durchstechen und zur Kette auffädeln. Diese Kette wird um den Hals oder um die Hüften gehängt.

Perlen aus Ton
Technik wie bei den Perlen aus Fimo. Naturfarben belassen. Damit sie als Stirnreifen benutzt werden können, ist es sinnvoll, kleine Perlen herzustellen.

Perlen aus Papier
Von buntem Hochglanzpapier (z.B. aus einer Illustrierten) 4 cm breite und 25 cm lange Streifen schneiden, die zum Ende hin spitz zulaufen. Damit die Streifen sich rollen, mehrmals über eine Tischkante ziehen. Dann Streifen für Streifen von der Schmalseite beginnend auf den Schaschlikspieß rollen, zwischendurch gut mit Kleber einstreichen. Zum Schluss den Spieß herausziehen und die Perlen mit farblosem Lack übermalen. Auf einen Faden reihen.

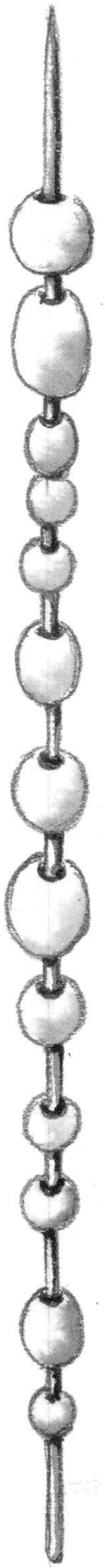

Sandalen-Orakel

Im Gebiet des Rudolfsees in Kenia, wo die Turkana leben, ist die Erde schwarz von Lava. Deshalb gehen die Menschen dort nicht barfuß, sondern tragen feste Schuhe oder Sandalen.
Ein besonders beliebtes Spiel der Alten besteht darin, abends vor ihrer Schilfhütte die Sandalen in die Luft zu werfen. Die jeweiligen Positionen in denen die Sandalen landen, zum Beispiel zueinander, zum See oder zur Sonne, entsprechen bestimmten Weissagungen.
So befragen sie ihre Sandalen nach dem Regen, nach der Viehherde, nach der Gesundheit ihrer Enkelkinder, nach ihrer eigenen Zukunft.

Material: jedes Kind ein Paar Sandalen (oder Schuhe)
Alter: ab 5 Jahren

Die Kinder sitzen im Halbkreis und werfen nacheinander ihre Sandalen in die Luft. Je nach Lage der Sandalen denken sie sich eine kurze Fantasiegeschichte aus:

Beide Sandalen liegen so, dass sie „voneinander fort zu gehen scheinen":
„Ich muss immer nur rechts laufen", sagt die rechte Sandale. „Und ich muss immer nur links laufen", sagt die linke Sandale. „Ich geh einfach fort, wohin ich will", sagt die rechte Sandale.
„Und ich geh auch einfach fort, wohin ich will" , sagt die linke Sandale.

oder:
Ein Schuh zeigt nach oben und ein Schuh zeigt nach unten:
„Wenn ich nach oben gehe, lande ich im Himmel. Aber wer braucht dort Schuhe?" „Wenn ich nach unten gehe, bin ich tief in der Erde. Dort wird es immer dunkler und immer wärmer, bis es ganz heiß ist. Wer braucht aber in der Hitze Schuhe?"

oder:
Beide Schuhe liegen übereinander:
„Wenn du mich trittst, kann ich nicht mehr laufen. Sieh mal, wie zerknickt ich schon bin. Krieg gar keine Luft mehr." „Und wenn du dich so breit machst, hab ich keinen Platz zum Liegen."

Und so können weitere Geschichten erfunden werden.

Perlen fangen

Die afrikanischen Kinder spielen dieses Spiel mit Steinchen oder kleinen Nüssen.

Material: 40 bis 50 verschiedene bunte Perlen
Alter: ab 5 Jahren

Die Kinder sitzen im Kreis. In der Mitte liegen alle Perlen auf einem Haufen.
Ein Kind beginnt, indem es beide Hände wie zum Wasserschöpfen aneinander hält. In diese hohlen Hände legen die anderen Kinder so viele Perlen wie möglich.
Das Kind wirft nun die Perlen in die Luft und versucht möglichst viele Perlen mit mit dem Handrücken einer Hand wieder aufzufangen.
Gelingt dies, werden die Hände schräg nach unten geneigt, dass alle Perlen bis auf eine herunter rollen. Diese eine Perle wird mit der Hand, auf der sie liegt, in die Luft geworfen. Bevor diese Perle wieder eingefangen wird, nimmt das Kind mit derselben Hand eine weitere Perle vom Boden auf.
Ist auch das geglückt, kommt die vom Boden genommene Perle ins eigene Depot.
Wieder wird die erste Perle in die Luft geworfen, um beim Fangen eine weitere vom Boden zu nehmen.
Das geht so lange, bis eine Perle verfehlt wird. Dann ist das nächste Kind an der Reihe. Auch wer im Spielverlauf einen Fehler begeht, muss dem nächsten das Spiel abgeben

Frisuren

Frisuren sind in Afrika traditionell entstanden. Aus diesem Grunde ähneln sie sich in vielen Ethnien.
Um die krausen Haare weich und frisierbar zu machen, werden sie eingefettet. Durch das Einfetten sind verschiedene Varianten der Haargestaltung möglich. So gehört zu den beliebtesten Frisuren das Zöpfeflechten. Eine Form dieser Technik, die besonders bei der ethnischen Gruppe der Ova Himba in Namibia verbreitet ist, sind die Corn-roll-Zöpfe. Zwei Hörnern ähnlich werden sie den Mädchen dort nach vorn bis über die Augen gelegt. Mit dem Einsetzen der Pubertät werden die Corn-roll-Zöpfe in eine Fülle von Rasta-Zöpfen aufgelöst.
Andere Völkergruppen bevorzugen wiederum andere Zopfvarianten als sichtbares Zeichen einer bestimmten Zugehörigkeit.

RASTA - FRISUR
Material: feinzinkiger Kamm, grobzinkiger Kamm, eine Dose Haar-Conditioner (z.B. Coconut Oil Formula**)
Alter: ab 3 Jahren (die Kleineren sitzen „Modell", die Größeren flechten)

Die Rasta-Zopf-Frisur ist typisch für alle Altersgruppen. Zum Flechten dieser Frisur, die aus einer Fülle kleiner Zöpfe besteht, sitzt der „Friseur" auf dem Stuhl und das zu frisierende Kind davor auf dem Boden. Die Haare sollten zum Flechten mindestens halblang sein. Sie werden zuerst mit dem Conditioner eingefettet: etwas in die Hände reiben und durch die Haare fahren.
Das Fett sorgt dafür, dass die Haare nicht brechen. Nun wird mit dem grobzinkigen Kamm vorgekämmt.
In der Mitte des Nackens ein kleines Haarquadrat von etwa 2x2 cm mit dem groben Kamm abteilen. Dann mit diesem Kamm die übrigen Oberhaare zurückstecken, damit sie nicht stören. Die Haare des Quadrats in drei gleiche Strähnen teilen und sehr fest flechten. (Bei feinem Haar einen Wollfaden mit einflechten). Gleichmäßig über den ganzen Kopf (s. Abb.) die Haare in Quadrate teilen und flechten. Normalerweise wird kein Faden oder Gummi benötigt, um die Zöpfchen unten „abzuschließen". Je kleiner die Zöpfe sind, desto länger dauert es, die Frisur zu flechten. Bei langen Haaren können zum Schluss alle kleinen Zöpfchen noch zu einem Nackenzopf zusammengebunden werden. Kleinere Zöpfe können in die gleiche oder in verschiedene Richtungen gebogen werden.
Geöffnet werden die Rasta-Zöpfe, indem jeder Einzelne mit einer Stricknadel von unten beginnend entwirrt wird.

Die bekannten RASTA-LOCKEN (schon bei relativ kurzen Haaren möglich) entstehen bei den Afrikanern, indem sie die Haare niemals kämmen und sie dadurch verfilzen lassen. Die verfilzten Haare teilen sich mit der Zeit allein in Strähnen, oder es wird durch Zupfen in verschiedene Richtungen etwas nachgeholfen.
Möglichkeit für uns (weil Verfilzen sicher nicht in Frage kommt): Ei mit Bier vermengen und in die Haare geben, damit sie eine gewisse Klebrigkeit erhalten. Dann in Strähnen zupfen. Diese Frisur lässt sich mit Shampoo leicht auswaschen.

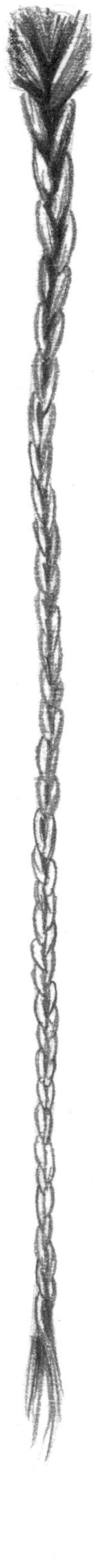

CORN-ROLL-FRISUR

Material: wie bei Rasta-Frisur
Alter: ab 3 Jahren (die Kleineren sitzen „Modell", die Größeren flechten)

Der Name dieser Frisur leitet sich von der Lage der Maiskörner im Kolben ab. So wie die Maiskörner fest im Kolben liegen, liegt jeder einzelne Haarzopf fest an der Kopfhaut an.
Zuerst die Haare mit Conditioner einfetten. Dann an der Schläfe die erste Haarsträhne von etwa 1,5 x 1,5 cm abteilen. Diese Strähne in Richtung Nacken so flechten, dass durch Aufnehmen und sofortiges Miteinflechten der nächsten Unterhaare diese „Spur" der Zopf entsteht. So werden Strähne für Strähne alle Haare geflochten.

FADEN-FRISUR

Material: wie oben, zusätzlich pro Strähne ein etwa 80 cm langer Zwirnsfaden oder Seidengarn: gelb für helle Haare, braun für braune und schwarz für schwarze. Afrikaner nehmen nur schwarze und braune Fäden.
Alter: ab 3 Jahren (die Kleineren sitzen „Modell", die Größeren flechten)

Wie bei Rasta-Zöpfen sitzt der „Friseur" auf einem Stuhl und das zu frisierende Kind davor auf dem Boden. Mit dem Conditioner die Haare leicht anfetten. Das Frisieren beginnt nun im Nacken. In der Mitte des Nackens eine Haarsträhne von etwa 1,5 x 1,5 cm abteilen. Den ersten Faden mittig zusammenlegen und entsprechend der Abb. an der Kopfhaut beginnend, um die Haarsträhne wickeln. So Strähne für Strähne fortfahren. Ist der ganze Kopf in dieser Art frisiert, können die Faden-Strähnen zusammengefasst werden, z.B. die oberen zu einem dicken Zopf am Oberkopf. Die unteren können hängen bleiben. Oder alle Faden-Strähnen zu einem Pferdeschwanz binden.

TENTAKEL-FRISUR

Material: wie bei Faden-Frisur, aber das Garn nur etwa 60 cm lang (kommt auch auf die Haarlänge an)
Alter: ab 3 Jahren (die Kleineren sitzen „Modell", die Größeren flechten)

Die Frisur hat ihren Namen von der Ähnlichkeit mit den Saug- oder Fangarmen der Kraken. Nach dem Einfetten mit Conditioner wird in der Mitte des Nackens ein Karo für die erste Haarsträhne von etwa 2,5 x 2,5 cm abgeteilt. Mit dem grobzinkigen Kamm die übrigen Haare wegstecken.

Das Garn mittig zusammengelegen und die erste Haarsträhne damit am Ansatz sehr fest umwickeln. Dann wird diese Strähne in drei gleiche Strähnen unterteilt und geflochten. Der Faden wird mit eingeflochten. Im unteren Drittel werden die drei Strähnen wieder zu einer Strähne zusammengefasst und mit dem Faden weitläufig und fest umwickelt.
Zum Schluss eine Endschlaufe legen.
Diese Tentakel, sind sie in gleichmäßigen Karos über den ganzen Kopf verteilt, lassen sich gut in verschiedene Richtungen biegen.

SCHNECKEN-FRISUR oder SPIRAL-FRISUR
Material: wie bei RASTA-ZÖPFEN
Alter: ab 3 Jahren (die Kleineren sitzen „Modell", die Größeren flechten)

Nachdem mit beiden Händen ein wenig Conditioner ins Haar gegeben wurde, am Nacken beginnen und ein Karo von etwa 1 x 1 cm abteilen. Diese Strähne in zwei gleiche Strähnen unterteilen und stark miteinander drehen, bis sie sich in sich selbst verdrehen. Dann legen sie sich ganz von selbst zu kleinen Spiralen oder Schnecken. So den ganzen Kopf frisieren. (1)

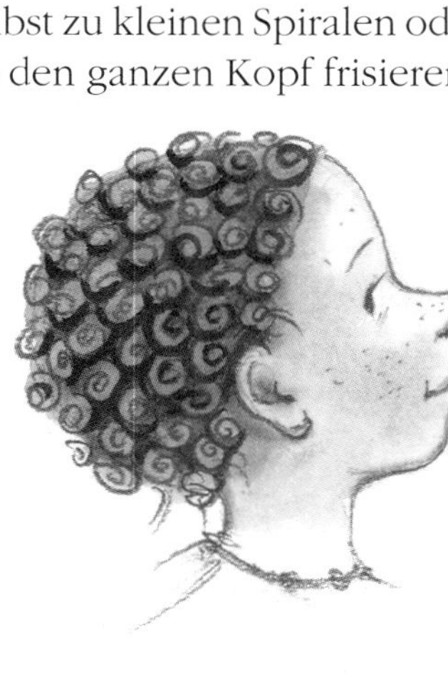

Gesichts- und Körperbemalung

Die Bongo-Frauen bemalen und tätowieren vor allem den Oberarm mit Zickzacklinien, Punktreihen und Parallelstrichelungen. Beim Tätowieren wird die Haut mit einem Messer aufgeritzt. Die späteren Vernarbungen zeigen außer dem Geburtsdatum die Zugehörigkeit zur ethnischen Gruppe an.
Andere Ethnien ziehen die Bemalung von Gesicht, Kopf, Brust und Bauch vor. In Ghana werden zum Krobos- oder Yamsfest jeweils drei weiße Striche mit einer Spezialkreide auf Stirn, Wangen und Kinn gezeichnet (Abb. 1). Bei einem anderen Fest wird schwarze Farbe wie ein Stirnband um den kahlrasierten Schädel gemalt (Abb. 2). Die Bemalung wird heute meist nur noch zu Feiertagen und Festen vorgenommen.

Material: Körpermalfarben*
Alter: ab 3 Jahren

Die Muster mit den Körpermalfarben entsprechend der Abbildung auf Stirn, Gesicht, Oberarm, Brust oder/und Bauch zeichnen.

Die Lederjacke

(Ein Erlebnis von F. M. aus Berlin, der fast zwanzig Jahre in Ruanda lebte)

Auf meiner ersten Reise nach Afrika ist mir etwas Seltsames passiert. Es war in dem Land Ruanda, das mitten im großen Afrika liegt, dort, wo auch die Berggorillas wohnen. Im Flugzeug dachte ich noch an den Spielfilm, den ich über dieses Land gesehen hatte, an die riesigen Urwaldflächen, an die einzelnen Gehöfte der Großfamilien und an die vielen Kinder.

Als ich ankam, in einem kleinen, abgelegenen Örtchen, wurde ich von den Menschen sehr freundlich empfangen. Alle Bewohner standen um mich herum und beguckten mich, die Kinder steckten ihre Nasen ein Stückchen um die Hütten und flüsterten: Ein Weißer kommt! Manche liefen auch zuerst fort, ehe sie sich ganz langsam an mich heranwagten. Dann betasteten sie meine Hand und meine Kleidung. Die Alten hielten gebührenden Abstand, aber alle schien etwas zu verblüffen. Ich hatte meine schwarze Lederjacke an, die mich vor Regen und Kälte gut schützen konnte. Und das war es: sie redeten wild durcheinander, staunten sich an, betasteten meine Jacke, schüttelten die Köpfe. Ein Mann, der sah, wie verwirrt ich war, bot mir eine Kolanuss an und erklärte, warum alle so aufgeregt waren: viele Jahrhunderte hatten sie sich mit Tierhäuten und Fellen gekleidet, z.B. aus der Ziegenhaut Lederumhänge oder Lendenwickel gefertigt. Vor einiger Zeit jedoch begannen sie, Stoffe aus der Baumwolle des Kapokbaums herzustellen und Rinde zu klopfen, um daraus Matten oder Kleidung zu flechten. Dies wurde als großer Fortschritt gefeiert.

Und nun kam ich aus der großen weiten Welt, und statt leuchtendem Stoff trug ich Lederkleidung wie ihre Großväter.

Das konnten sie nicht verstehen.

Arbeit mit dem Text:

Material: evtl. Stoffstückchen oder/und Leder

Alter: ab 5 Jahren

- Nach dem ersten Absatz „...schüttelten die Köpfe“ kann die Erzieherin beim Vorlesen eine Pause einlegen und die Kinder überlegen lassen, welche Gründe die Afrikaner wohl für ihr eigenartiges Verhalten haben.
- Für kleinere Kinder kann die Erzieherin ein Stückchen Leder und ein Stück Stoff mitbringen und mit den Händen betasten lassen. Die Kinder stellen fest, welcher Unterschied besteht. Die beiden verschiedenen Materialien können auch im Gesicht oder auf dem Oberarm etwas gerieben werden. Auch riechen lassen ist wichtig.
- Ein Nacherzählen statt Vorlesen der Geschichte ist ebenso interessant, da so die Geschichte sprachlich dem Alter der Kinder angepasst werden kann.
- Mit größeren Kindern (z.B. mit 6-Jährigen) auf die Logik in der Geschichte eingehen. Was bei uns als „modern“ gilt, kann woanders „altmodisch“ sein.

Häuser, Hütten und Hausgerätschaften

Ein Haus kann nicht für die Regenzeit erbaut werden, die bereits vorüber ist.
(Sprichwort aus Äthiopien)

Tukul - die Rundhütte aus Stroh und Lehm

Der Tukul ist eine der am häufigsten vorkommenden Hauskonstruktionen. In einem Raum von 8 - 10 m Durchmesser wohnt und schläft die ganze Familie. Wer etwas reicher ist, kann Schlaf- und Wohnraum sowie Küche durch Strohmatten abteilen, bzw. für die Frauen und größeren Kinder eigene Tukuls errichten. Sehr arme Leute teilen nachts den Tukul mit ihrem Vieh.

Material: Baumstamm (Durchmesser ca. 15 bis 20 cm), dünne Stämme (Durchmesser ca. 8 bis 10 cm), Ruten und Äste, Vorhangstoff, Stroh, Gras, Lehm, Spaten, Fuchsschwanz, Holzpflock, Hammer, Seile, Leiter
Alter: ab 7 Jahren

Ein Loch von etwa 70 cm Tiefe in feste Erde graben. Dann den kräftigsten Baumstamm von unten mittels Fuchsschwanz auf Dreiviertel seiner Länge entasten. Den Stamm mit dem entasteten Teil in das Erdloch setzen, Erde wieder auffüllen und andrücken.
Um diesen eingesetzten Mittelstamm herum werden im Kreis mindestens acht Löcher von jeweils ca. 50 cm Tiefe gegraben. Jetzt werden die dünneren Stämme entastet und auf etwa gleiche Länge gesägt. Dann wird jeder dieser Stämme in eines der Löcher gesetzt, Erde wieder aufgefüllt und angedrückt.
Steht diese Grundkonstruktion, wird zwischen zwei Stämmen der Eingang des späteren Tukuls festgelegt.
Nun wird das Dach fertig gestellt: Sind die verbliebenen Zweige des Mittelstamms lang genug, werden sie pilzartig zu den Außenstämmen gespannt. Ansonsten können statt dessen Seile gezogen werden. Die so entstandene Dachkonstruktion wird nun mit Stroh, Ästen und langem Gras im Stopfverfahren geschlossen und von außen mit Lehm verschmiert.
Anschließend werden die Wände des Tukuls im gleichen Verfahren wie das Dach geschlossen: Stroh, Äste, Gras und Seile von Stamm zu Stamm ringsherum spannen und stopfen (nur den Eingang frei lassen). Die Wände dann von außen mit Lehm verschmieren. An heißen Tagen wird der Lehm schnell hart.
Anschließend den Vorhangstoff vor den Eingang hängen.
Zum Schluss wird der Innenraum mit Stroh ausgelegt.

Shelter-Unterschlupf

Am Rande der Städte lebt die arme Bevölkerung, die sich keine Häuser oder Wohnungen leisten kann. Aus Mangel an natürlichem Baumaterial wie z.B. Lehm oder Palmblätter, bauen diese Menschen mit dem Abfall der modernen Wegwerfgesellschaft: mit Bananenkisten, Pappe, Blech, Stricken, Coladosen.
Diese Art Unterkunft ist in den Slums von Südafrika verbreitet und nennt sich Shelter-Unterschlupf.

Material: Kartons, Flaschenkisten, Wellpappe, Handbohrer, Stricke, bunte Stoffreste, Schere, lange Stöcke, Holzscheite
Alter: ab 4 Jahren

Die Kartons und Flaschenkisten im Viereck versetzt so stapeln, dass ein Innenraum mit vier Wänden entsteht. In einer Wand einen Türeingang lassen und in einer anderen evtl. eine Luke für das Fenster. Die Höhe je nach der Größe der Kinder gestalten. Die Wände mit großflächiger Pappe von außen abdichten: dazu mit dem Handbohrer in die Pappe Löcher bohren, ein Stückchen Strick hindurchziehen und mit den Flaschenkisten verankern.
Das Dach wie folgt bauen: über die Kartons und Flaschenkisten lange Stöcke oder dünne Bretter legen. Diese mit einer Auflage aus Wellpappe bedecken. Damit die Wellpappe stabil liegt, kann sie mit ein paar Holzscheiten stabilisiert werden.
Vor das Fenster und vor die Tür Stoffreste hängen (Löchlein schneiden bzw. bohren und Stricke hindurchziehen).

Zaun

Material: Äste, Zweige, Blätter, Gras, Fasern, Weidenruten, Rinde, Pflanzenstrünke, Bambusstangen*, Bast*, Pflanzholz, kleine Schippe, Spaten
Alter: ab 3 Jahren (mit größeren Kindern)

Die größeren Kinder legen die etwa 1,50 m langen Bambusstangen (oder dicke, gerade Äste, die grob von Zweigen entfernt wurden) längs und waagerecht übereinander, dass Quadrate von etwa 25 x 25 cm entstehen. Die Verbindungsstellen werden mit Bast verknotet.
Dann zum Markieren der Erdlöcher den Zaun probeweise aufrecht stellen. An den so markierten Stellen mit Pflanzholz, Schippe und Spaten Löcher von ungefähr 15 cm Tiefe graben. Zaungerippe einsetzen und Erde fest andrücken. Jetzt die einzelnen Quadrate mit Ästen, Zweigen, Blättern, Gras, Fasern, Rinde, Pflanzenstrünken, Weidenruten und allem, was man in der Natur findet, ausflechten (zuerst größere Teile nehmen, dann kleinere).

Stelzenlauf mit Hüttenpfählen

In Teilen Westafrikas, insbesondere dort, wo es ganzjährig häufig regnet, gibt es viele Sümpfe. Sind sie nicht so tief, kann man auf Stelzen hindurchgehen. Aber auch auf dem Trockenen macht es Kindern Spaß, größer als die Erwachsenen zu sein und die Welt von oben zu sehen. Ebensolche Pfähle wie zum Hütten- oder Zaunbau werden von den Kindern auch zum Stelzenspiel verwendet.

Material: Stelzen oder Äste, die kleine Zweige oder Verknotungen als Fußstützen aufweisen
Alter: ab 6 Jahren

Eine Sandfläche oder eine nasse Wiese wird zum Sumpf erklärt. Wer schafft es, am längsten auf den Stelzen zu gehen, ohne in den Sumpf zu fallen?

Reisigbesen

Ein Besen für die Häuser, Hütten und für den Hof wird aus Reisig und einem Stock gebunden.

Material: dicker Stock oder Ast, Reisig etwa gleich lang, Schnur
Alter: ab 3 Jahren

Am unteren Drittel des Stockes oder des fein gesäuberten Astes wird das Reisig angebunden. Eine Variante ist, ein Reisigbündel einfach ohne den Stock oben zusammenzubinden.

Trinkbecher aus einer Kalebasse

Kalebassen, auch Flaschenkürbisse genannt, wachsen am Kalebassenbaum. Die reife, geerntete Frucht wird in Vorbereitung auf die weitere Verwendung halbiert bzw. mit einem Loch versehen. Anschließend werden die Kalebassen in Wasser gelegt, bis das Fruchtfleisch verrottet ist. Nach dem Verrotten des Fruchtfleisches bleibt die hohle hölzerne Schale übrig.
Die Afrikaner nutzen Kalebassen zur Aufbewahrung von Getreide, Flüssigkeiten, Tabak, Schmuck oder kleinen Kleidungsstücken. Längs aufgeschnitten fertigt man aus der Kalebasse Löffel oder Kellen, aber auch Masken oder Musikinstrumente. Dazu wird sie mit Farben verziert (ocker, weiß, indigoblau) oder mit Brandmalerei verschönert (Eisenspitze über Feuer rot glühend machen und Muster setzen).

Material: kleiner Kürbis, Messer, Löffel, Schnitzmesser, Fingerfarben, farbloser Lack, Pinsel
Alter: ab 5 Jahren (in Gemeinschaft mit 3-Jährigen)

Ein kleiner Kürbis kann bis zu einem Dreivierteljahr an einem kühlen, dunklen Ort aufgehängt und getrocknet werden. Die Außenschale verfestigt sich. Wird nach dieser Zeit das obere Drittel abgeschnitten, kann das Innere mit Messer und Löffel ausgeschält werden. Mit Wasser ausspülen und nach Möglichkeit in der Sonne trocknen, denn wenn der Kürbis nicht schnell getrocknet wird, fault er. Nach dem Trocknen kann der Kürbis als Trinkbecher benutzt werden.
Soll er noch verschönt werden, können mit dem Schnitzmesser vorsichtig Muster eingeritzt werden (z.B. Dreiecke oder Netzlinien).
Die Kleinen können die Kalebassen von außen mit Fingerfarben bemalen und mit farblosem Lack fixieren.
Ist die Kalebasse nicht standfest, auf einen mit Sand gefüllten Teller drücken.

Kalebassenspiel

Material: Sonnenblumenkerne oder Bonbons, Kalebassen oder Trinkbecher aus Pappe
Alter: ab 4 Jahren

Jedes Kind hält einen Trinkbecher in der Hand. In der Mitte wirft ein Kind die Sonnenblumenkerne oder die Bonbons in die Luft. Wer sie mit seinem Becher auffängt, darf sie behalten. Das wird solange wiederholt, bis alle Kerne bzw. Bonbons gefangen wurden.

Schöpfkelle aus der Kokosnuss

Die Afrikaner verwenden die einfachsten und greifbarsten Materialien aus ihrer unmittelbaren Umgebung, um Haushaltsgeräte herzustellen. So wird aus einer Kokosnuss und einem Stock eine Schöpfkelle für Wasser, Milch oder Brei gefertigt.

Material: Kokosnuss, Bohrer, Säge, Schnitzmesser, Rundholz, Hammer
Alter: ab 5 Jahren (mit Erwachsenen)

Zuerst bohrt ein Erwachsener Löcher in die Kokosnuss, damit die Milch abgegossen werden kann. Dann sägt er die Nuss in zwei Hälften. Anschließend wird das Kokosfleisch herausgenommen.
Um eine Schöpfkelle herzustellen, kann die Kokosnuss-Hälfte, die ein Bohrloch aufweist, Verwendung finden. Dazu schnitzen die Kinder das Rundholz an einem Ende so zurecht, dass dieses knapp in das Loch passt. Es darf nur noch ein Hammerschlag nötig sein, um es fest darin zu verankern.

Spielanregung

Material: Wassereimer, zwei Messbecher, zwei Schöpfkellen

Wir können ein Spiel durchführen, das unserem Eierlaufen gleicht.
Dazu bilden die Kinder zwei Reihen, die sich an einer Linie hintereinander aufstellen. Die beiden ersten Kinder jeder Reihe haben je eine Schöpfkelle in der Hand. Beim Startzeichen schöpfen sie aus dem zwischen ihnen stehenden Eimer Wasser und laufen so schnell sie können zum Ende der festgelegten Strecke, ohne etwas zu verschütten. Dort gießen sie das Wasser aus der Kelle in einen großen Messbecher. Anschließend laufen sie mit der leeren Kelle zurück und übergeben dem nächsten Kind die Schöpfkelle. Gewonnen hat die Gruppe, die nach einem Durchlauf das meiste Wasser im Messbecher hat. Bei Gleichstand gewinnt die Gruppe, die am schnellsten fertig wurde!

Schüsseln aus einem Bananenblatt

Material: Bananenblatt**, Schere, kleine Holzstäbchen (Spießer oder Zahnstocher), Teller, Bleistift
Alter: ab 4 Jahren

Auf das Bananenblatt einen Frühstücksteller legen, mit dem Bleistift umfahren und ausschneiden. An vier etwa gleich entfernten Stellen eine Einbuchtung vornehmen (Falte) und nach innen mit dem Holzstäbchen feststecken. Fertig ist die Schüssel. Achtung: Wenn die Schüsseln nicht gleich benutzt werden, im Kühlschrank lagern, weil sie sonst schnell braun und welk werden.

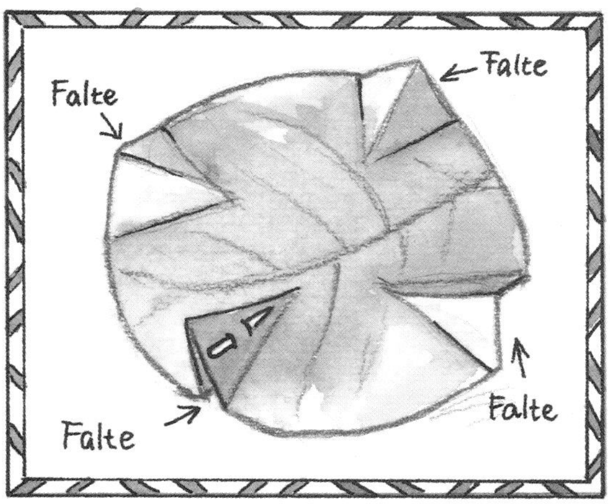

Trinkröhrchen aus einem Palmblatt

In Kenia z.B. basteln sich die Kinder ein Trinkröhrchen, indem sie ein Palm- oder Bananenblatt rollen, bis ein kleines Röhrchen entsteht.

Material: Palmblatt (auch Bananenblatt möglich)**
Alter: ab 3 Jahren

Das Blatt zu einem dünnen Röhrchen rollen. Fest halten oder mit Zahnstochern etwas feststecken und wie mit einem Trinkhalm Flüssigkeit aufnehmen.

Mörser und Stößel

Mörser und Stößel werden für das Zerstampfen der Hauptnahrungsmittel gebraucht, z.B. Mais, Hirse, Maniok, Yams.

Material: gerader, besenstiel-langer Ast oder Stock; Holzscheibe eines gefällten Baums (Linde ist am besten) von etwa 40 bis 50 cm Höhe und etwa 25 bis 30 cm Durchmesser; gebogenes Stemmeisen, Holzhammer, Raspel, Feile, Sandpapier, kleine Säge, Messer

Alter: ab 7 Jahren (ab 5 Jahren mit Erwachsenen)

Den Stößel aus einem Ast oder Stock herstellen. Die kleinen Zweige mit Hilfe der Säge vom Ast entfernen, dann den Ast mit Raspel und Feile glätten. Eventuell mit Sandpapier nachbearbeiten.
Die Baumstammscheibe für den Mörser wird im Innenteil soweit ausgestemmt, dass ein runder Hohlraum entsteht. Diesen mit grobem Sandpapier nacharbeiten.

Spielanregung

Zwei Kinder stehen sich mit den Stößeln in der Hand am Mörser gegenüber. Sie stoßen nacheinander den Stößel in den Mörser (evtl. mit Trommelbegleitung). Dabei dürfen ihre Stößel nicht aneinander geraten.

Die Blätter der Palme (Swahili, Tanzania)

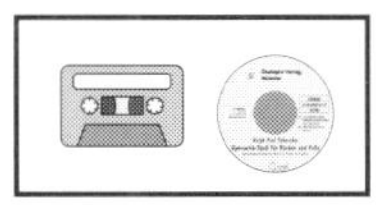

Die Blätter der Palme ist ein sehr bekanntes Kinderlied aus Tanzania.
Weißt du welche von deinen Lieblingsfrüchten in Afrika wachsen? Sie haben einen langen Weg hinter sich, bevor sie im Obstkorb auf deinem Frühstückstisch liegen. Magst du Mangos und Datteln oder lieber Bananen und Orangen?

Ukuti, ukuti
Wa mnazi wa mnazi
Ukija upepo wa pepea 2X

Die Blätter die Blätter
Der Palme der Palme
Ja sie schaukeln im Wind, schuh schuh
Ja sie tanzen im Wind

Die Blätter der Mango...

Die Blätter der Orange...

Die Blätter der Banane...

Nahrung und Nahrungszubereitung

Solange man kaut, lebt man.
(Sprichwort aus Benin)

Okonkwo

(Eine Erzählung über das Pflanzen von Yamswurzeln)

„Okonkwo benutzte die nächsten Tage, um seine Saatwurzeln nachzusehen. Jede Wurzel wurde genau geprüft, ob sie sich auch zum Pflanzen eigne. Manchmal wurde eine Wurzel so groß, daß er sie der Länge nach mit seinem scharfen Messer zerteilte und nun zwei Saatwurzeln hatte. Sein ältester Sohn Nwoye und Ikemefuna halfen ihm bei dieser Arbeit, indem sie die Wurzeln in langen Körben aus der Scheune holten und die geprüften Saatwurzeln zu Gruppen von je 400 Stück abzählten. Manchmal gab Okonkwo auch ihnen ein paar Wurzeln, die sie zu prüfen hatten, aber er fand immer etwas zu tadeln und schalt heftig auf sie ein. ... Okonkwo wußte sehr wohl, daß sie noch zu klein waren für die schwierige Kunst, die Saatwurzeln richtig vorzubereiten. Aber er glaubte, man könne nicht früh genug damit beginnen.

Yamswurzeln bedeuten Männlichkeit; und ein Mann, der seine Familie von einer Ernte bis zur nächsten mit Yamswurzeln ernähren konnte, war in der Tat ein sehr großer Mann. Okonkwo wünschte, daß sein Sohn ein großer Mann und ein großer Bauer würde. ... Als einige Tage darauf zwei oder drei schwere Regenfälle die Erde durchfeuchtet hatten, ging Okonkwo samt seiner Familie mit Körben voller Saatwurzeln, mit Hacken und Grabmessern aufs Feld, und das Pflanzen begann. Die Erde wurde quer über das Feld in geraden Linien gehäufelt und in jedes Häuflein eine Saatwurzel gesteckt.

Yams, die Königin der Erdfrüchte, war eine sehr anspruchsvolle Königin. Drei oder vier Monate lang verlangte sie harte Arbeit und ständige Wachsamkeit vom ersten Hahnenschrei, bis die Hühner schlafen gingen. Die zarten Keime mußten mit Sisalblättern gegen die Erdhitze geschützt werden. Wenn dann die Regenfälle stärker wurden, pflanzten die Frauen Mais, Melonen und Bohnen zwischen die Yamshäuflein. Dann wurden die Yamspflanzen mit Stöcken versehen, anfangs mit kleinen Stäben und später mit langen, dicken Ästen. Die Frauen mußten das Feld dreimal während der Reifezeit der Yamspflanzen jäten: zu ganz bestimmten Zeiten, nicht zu früh und nicht zu spät.

Und nun setzte der Regen wirklich ein: so heftig und so ständig, daß selbst der Regenmacher des Dorfes zugab, daß er nichts dagegen zu tun vermöge. ...

Dann saßen in jeder der zahllosen strohgedeckten Hütten von Umuofia die Kinder um das Herdfeuer der Mutter, die ihnen Geschichten erzählte, oder sie wärmten sich in dem Obi des Vaters an einem Holzfeuer und aßen frisch gerösteten Mais. Es war die kurze Ruhepause zwischen der anstrengenden Saatzeit und der nicht minder anstrengenden, aber lustigen Erntezeit.“ (2)

Odun - oder: Das Yams-Wurzel-Essen

Yams-Wurzeln wachsen wie Kartoffeln in der Erde, sehen auch farblich wie Kartoffeln aus und schmecken ihnen ähnlich. Yams gehören wie Reis, Maniok und Mais zu den Hauptnahrungsmitteln. Wenn die Yams reif sind, machen die Kinder ein Spiel zu zweit, bei dem das Wort „Odun" eine wichtige Rolle spielt.

Material: Yams-Wurzel[**], Palmöl (oder anderes Öl), evtl. etwas zum Süßen - z.B. Honig

Alter: ab 3 Jahren

Zunächst sitzen sich zwei Kinder gegenüber und haken die kleinen Finger miteinander ein. Ein drittes Kind schlägt die Hände durch und sagt „Odun". Die zwei Spielkinder stellen sich jetzt verschiedene Fragen, z.B. ob die Schlangen während der Trockenzeit in der Erde wohnen oder ob die Spinnen erst zur Regenzeit erscheinen. Die Fragen können alle Bereiche betreffen. Geantwortet werden darf aber immer nur: „Odun". Wer das vergisst, hat leider verloren und das andere Kind darf das folgende Yams-Wurzel-Essen beginnen!

Das Yams-Wurzel-Essen beginnt so: Die reife Yams-Wurzel wird oben geköpft, Palmöl , evtl. etwas Honig eingetropft und mit dem Messer eingestochen und vermengt. Jetzt wird die Wurzel hin und hergereicht. Wer beim Essen etwas vorbeitropfen lässt, muss die Wurzel dem anderen geben, bis dieser wiederum etwas verkleckert. (Möglich ist das Spiel auch im Kreis.)

Reissalat (aus Südafrika)

Zutaten für vier Personen: 250 g gekochter Reis, je 1 rote und 1 grüne Paprikaschote (feingeschnitten), 1 kleine Zwiebel (feingehackt), 50 g Rosinen (vorher einweichen), je eine Prise Salz und Pfeffer, 1/2 Tasse Joghurt, 1/2 Tasse Mayonnaise

Zubereitung:
Alle Zutaten (außer Joghurt und Mayonnaise) werden in einer Schüssel gut vermengt. Joghurt und Mayonnaise werden extra miteinander vermischt, zum Schluss über den Salat gegossen und leicht untergerührt. Wer mit den Fingern essen möchte, tut es den Afrikanern gleich, sonst sind Gabel oder Löffel zu gebrauchen.

Bananenbrot (aus Ghana)

Zutaten: 3/4 Tasse Mehl, 2 Teel. Backpulver, 1/4 Teel. Natron, 2/3 Tasse Zucker, 2 Eier, 1 bis 2 Tassen zerdrückte Bananen, 1/4 Tasse zerlassene Butter, 1/2 Tasse gehackte Nüsse

Zubereitung:
Das Mehl mit Backpulver und Natron sieben und mit Salz, Zucker und Nüssen vermischen. Die ungeschlagenen Eier, den Bananenbrei und die Butter unterrühren. Das ganze in eine gefettete Backform füllen und bei 180°C eine Stunde backen. Abkühlen lassen und aufschneiden.

Fisch braten in der Erde

Material: Fisch, Petersilie, Möhren, Salz, Bananen- oder Palmblätter** (ersatzweise Back- und Bratfolie), dünne und dickere Zweige, Streichhölzer, Messer, Schaufel, Eimer mit Wasser
Alter: ab 9 Jahren (mit Erwachsenen)

In der Größe des Fisches ein 30 bis 40 cm tiefes Loch in die Erde graben. In das Loch die Holzstückchen legen und ein Feuer anzünden (Vorsicht, Auflagen des Ordnungsamtes der jeweiligen Stadt beachten).
Den Fisch (wenn nicht bereits geschehen) ausnehmen, entschuppen und waschen. Falls die Kiemen entfernt wurden, diese Stellen mit Kräutern (Petersilie, Möhrenstückchen) füllen und den ganzen Fisch salzen.
Innen mit der gleichen Kräutermischung füllen, zuklappen und mit einem Bananen- bzw. Palmblatt oder auch mit Back- und Bratfolie einwickeln.
Wenn das anfangs entzündete Feuer eine Stunde gebrannt hat, einen Teil der heißen Erde mit den heruntergebrannten Scheiten mittels Schaufel herausnehmen. Dann den Fisch ins Erdloch legen. Die heiße Erde wieder aufschütten. Sieben bis acht daumenbreit kalte Erde darüber schichten. Obenauf nochmals ein großes Feuer angezünden. Nach etwa 30 Minuten ist der Fisch gar.

Variante: 500 g Hackfleisch mit Salz und Pfeffer würzen. Eine Zwiebel klein würfeln, ein 3-4 cm großes Stück Ingwerwurzel fein schneiden und zusammen mit einem Teelöffel gehacktem Koriander, einer Prise Chilipulver, einem rohen Ei und einem in Wasser vorgeweichten Brötchen unter das Hackfleisch mischen. Alles gut verrühren und verkneten. In Kügelchen formen und einzeln mit Back- und Bratfolie oder mit Palmblättern einwickeln. Dann genauso wie den Fisch in der Erde garen. Dauer etwa 45 bis 60 Minuten, je nach Größe.

Masai-Getränk

Die Masai mischen Milch mit Rinderblut. Dieses Getränk soll sie stärken. Erwarten sie Gäste oder begegnen sie zufällig auf ihrem Weg Touristen, bieten sie gastfreundlich von diesem Getränk an, und es wäre sehr verletzend dieses abzulehnen.

Material: Humpen, Kanne, Quirl, Milch, roter Beerensaft
Alter: ab 3 Jahren

Milch und roten Beerensaft in der Kanne verquirlen. In Humpen ausschenken.

Bier

Im Sudan bereiten die Einwohner aus Sorghum-Mehlteig auf kaltem Wege eine Art Bier: die vielgerühmte Merissa.
Die Niamniam, die zwischen Nil- und Tschadbecken leben, brauen Bier aus Korn. Es schmeckt etwas bitter und ist unserem Bier viel ähnlicher als die Merissa. In größeren Orten gibt es allerdings auch Cola, Fanta, Sprite, einheimische Getränke und Säfte meist in Büchsen und Flaschen zu kaufen.

Material: Cola, Wasser mit Kohlensäure, Krug
Alter: ab 3 Jahren

Wir bereiten unser Kinderbier aus Cola und einem kräftigen Schuss Wasser mit Kohlensäure zu. Serviert wird im Krug.

Kokosmilch

Die Männer schlagen mit ihren Macheten den oberen Teil der Trink-Kokosnuss ab, damit die Milch getrunken werden kann. Die bei uns handelsüblichen Kokosnüsse haben fast nur Fruchtfleisch und wenig Milch, die afrikanischen Trink-Kokosnüsse dagegen weisen fast kein Fruchtfleisch, aber etwa einen halben Liter Milch auf. Für unser Spiel nehmen wir die hier käuflichen Nüsse.

Material: Säge, Bohrer, Schraubstock, Kokosnuss
Alter: ab 8 Jahren (mit Erwachsenen)

Die in den Schraubstock eingespannte Kokosnuss zuerst anbohren und die Milch abgießen. Dann die Nuss in der Mitte aufsägen. Die eine Hälfte, die kein Bohrloch aufweist, kann als Becher verwendet werden. Die Kokosmilch in diesen Becher füllen und trinken.

Kokosnuss-Spiel

Wenn die Kokosnüssse von Milch und Nussfleisch geleert sind, spielen die Kinder in Afrika mit den Kokosnusshälften zu zweit funken oder telefonieren. Dabei bekommt jedes Kind eine Nusshälfte und hält diese abwechselnd ans Ohr oder an den Mund. Wir erweitern dieses Spiel, indem wir die beiden Nusshälften mit einer „Leitung" aus Packschnur verbinden.

Material: 1 Kokosnuss, Bohrer, 4 m Packschnur, Schere, Schraubstock
Alter: ab 4 Jahren (mit Erwachsenen)

Die Kokosnuss in den Schraubstock spannen und oben und unten anbohren und die Milch abgießen. Dann in der Mitte aufsägen und den essbaren Teil herausschneiden.
Die Kinder „fädeln" an beiden Schnurenden je eine Schalenhälfte so auf, dass das Schallloch zum Ende der Schnur zeigt. Die Schnur wird an jedem Ende verknotet und straff gezogen. Ein Kind spricht in die offene Schale, das andere Kind hält den „Hörer" ans Ohr. Zupfen an der straffen „Leitung" kann „Klingeln" bedeuten. Selbst um eine Häuserecke kann auf diese Art telefoniert werden.

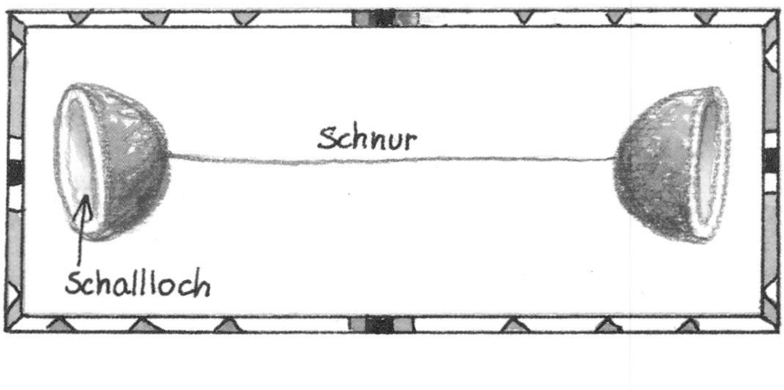

Die Existenzgrundlagen

Für die afrikanischen Gemeinschaften ist typisch, dass ihre traditionelle Existenzgrundlage auch heute noch - je nach der geographischen Region - im Wesentlichen auf dem Ackerbau, der Viehzucht und dem Fischfang beruht. Diese wirtschaftlichen Aktivitäten werden ergänzt durch das Handwerk, incl. Kunsthandwerk und Handelstätigkeiten zum Verkauf oder Erwerb einzelner Produkte.

Die Palette der angebauten Feld- und Gartenfrüchte sowie der gehaltenen Tiere ist breit gefächert. Wir finden u.a. Getreidearten wie Gerste, Reis, Mais, Hirse, Knollenfrüchte wie Bataten, Yams oder Maniok, Gurken, Tomaten, Bohnen, Erbsen, Zitrusfrüchte, Papaya, Ananas, Mango, Datteln, Feigen, Bananen, Erdnüsse, Zuckerrohr, Kakao, Kaffee, Tee, Kokosnüsse und viele Kräuter- und Gewürzarten sowie Baumwolle. Einige von ihnen sind afrikanischen Ursprungs, andere wurden im Laufe der Jahrhunderte durch Kulturaustausch und Einfuhr in Afrika heimisch und fanden dort vorzügliche Bedingungen.

Ähnlich ist es mit den Tieren. Rinder und Ziegen, Kamele und Schafe, Esel, Maultiere, Schweine, Zebus und Hunde sowie viele Geflügel- und Fischarten sind anzutreffen. Natürlich gibt es nicht alles überall. Das hängt häufig davon ab, ob die Nahrungsmittelproduktion der Plantagenwirtschaft weichen musste oder welche Landschafts- und Klimaart vorherrscht. So ist, um ein Beispiel zu nennen, die Rinderzucht in den feuchtwarmen Gebieten, wo es die Tse-Tse-Fliege gibt, nicht möglich.

Die Sammler- und Jägertätigkeit, die viele in Afrika vermuten und die durch einschlägige Filme, Bücher u.a. Medien immer wieder beschworen wird, gibt es in Afrika kaum noch. Vereinzelt sind als ausgesprochene Sammler noch die Pygmäen im Kongobecken oder die Buschmänner am Rande der Wüste Kalahari, die für Ackerbau und Viehzucht ungeeignet ist, anzutreffen.
Die Jagd, wenn sie denn überhaupt gestattet ist, wird als Jagdtourismus oder zur Regulierung des Bestandes von Wildtieren durchgeführt. Ein großes Problem stellt die Wilddieberei und vor allem das Abschlachten der Tiere für Elfenbein, Nashorn u.a. dar.

Der Ackerbau

Um das Funktionieren des Familienlebens zu gewährleisten, existiert eine Arbeits- und Rollenverteilung zwischen Männern und Frauen.
Grundsätzlich sind die Männer und Jungen der Ackerbauern für solche Arbeiten zuständig, wie die Feldarbeit (Pflügen, Hacken, Säen, Pflanzen, Dreschen u.a.), das Herstellen von Arbeitsmitteln oder den Hausbau, vor allem in der Trockenzeit.
Die Frauen und Mädchen kümmern sich um den Haushalt, d.h. Wasser holen, Brennholz sammeln, Nahrungszubereitung, Spinnen, Waschen u.Ä., Gartenarbeit (Gemüse und Gewürze) und die Kindererziehung.
Die Feldarbeit in Afrika unterscheidet sich dabei wesentlich von der in Europa üblichen. Der Pflug wurde in historischer Zeit nicht bis ins Innere Afrikas verbreitet. Da in Afrika meist nur eine geringe Humusschicht vorkommt, schaden tiefe Pflüge dieser nur. Typisch für Afrika ist deshalb die Hacke oder der Grabestock.

Ein macheteähnliches großes Messer wird vielfältig zum Schlagen und Schneiden von Pflanzen aller Art oder für andere Arbeiten eingesetzt. Der fruchtbare Boden wurde gewonnen, indem man Bäume, Büsche und Gräser verbrannte (Brandrodung), die Asche düngte den Boden. Nach einiger Zeit, wenn der Boden erschöpft war, zog man weiter, der Vorgang wiederholte sich. Die zurückgelassene Fläche konnte sich im Laufe der Jahre wieder erholen. Diese Art der Bewirtschaftung ist heute kaum noch möglich, da sich die Umweltbedingungen verschlechtert haben und die Bevölkerung stark zunimmt. Es ist deshalb notwendig, durch Bewässerung, chemischen Dünger u.Ä. dieses Problem zu lösen.

Die Viehzucht

Bei den Viehzüchtern sind die Männer für die Tiere zuständig. Das schließt auch das Melken und die Lederverarbeitung ein. Die Frauen leisten Ähnliches wie die Frauen der Bodenbauern, nur dass die Gartenarbeit entfällt. Dies ist natürlich, denn die Viehzucht wird in der Form des Nomadismus betrieben, also Wanderviehhaltung. Die Nomadenvölker treiben ihre Herden in Gebiete, in denen genügend Nahrung für ihr Vieh vorhanden ist. Dabei richten sie sich nicht nach Landesgrenzen, da diese ja in der Regel von den Europäern gezogen worden sind, ohne die alteingesessenen Gebiete der verschiedenen Ethnien zu beachten.
Auch bei den Viehzüchtern Afrikas gibt es erhebliche Probleme. Der Bestand an Tieren, vor allem an Rindern, ist ein Zeichen für Reichtum und gesellschaftliche Akzeptanz (Statussymbol). Da durch die Trockenperioden und die Ausdehnung der Sahara die Grasflächen immer begrenzter werden, kommt es zu Überwei-

dungen, was wiederum den Prozess der Austrocknung verstärkt. Damit befinden sich die Viehzüchter in einem Teufelskreis, denn auf diese Art und Weise entziehen sie sich letztendlich die Existenzgrundlage.

Der Fischfang

Der Fischfang in den zahlreichen Flüssen und Seen sowie an den Küsten der Weltmeere stellt eine willkommene Ergänzung der Nahrungspalette dar oder bildet dort die wesentliche Existenzgrundlage. Neben größeren Schiffen, wie Dhaus, die aber vor allem für den Handel im Indischen Ozean genutzt werden, sind Schilfboote aus Papyrus, z.B. am Viktoriasee, üblich. Weit verbreitet sind Auslegerboote, die aus einem ganzen Baumstamm herausgearbeitet und auch als Einbaum bezeichnet werden. Da sie keinen Kiel haben, wird ein Kentern durch den Ausleger verhindert. Netze, Reusen, Käscher und Angeln sind auch die in Afrika üblichen Gerätschaften der Fischer.

Das Handwerk

Die handwerklichen Arbeiten wie Spinnen, Flechten, Töpfern, Stoffdrucken, Schnitzen, Bootsbau u.v.a. mehr werden von den Männern und Frauen ergänzend ausgeführt. Gewisse Arbeiten werden nur von Männern ausgeübt. Sie sind spezialisiert und liefern neben Gebrauchsgegenständen auch künstlerische Produkte. Es handelt sich dabei z.B. um das Weben und das Schmieden. Hier ist es zu solch einer Perfektion gekommen, dass gefärbte Tuche und Stoffe aus Baumwolle einerseits und Gold-, Silber-, Bronze- und Messingarbeiten sowie Terrakotta-Plastiken andererseits schon vor Jahrhunderten in Europa Staunen hervorriefen.

Der Handel

Der Handel im Sinne des Kaufens und Verkaufens obliegt meist den Frauen. Verschiedene Produkte aus der häuslichen Produktion werden feilgeboten; das eingenommene Geld dient vor allem zum Kauf von Dingen, die nicht selbst produziert werden, z.B. Salz, Lederwaren, Streichhölzer, Zigaretten, Stahlwaren oder auch technische Geräte, um nur einiges zu nennen. Auf dem Gebiet des Handels haben sich einige Völker spezialisiert, wie die Hausa oder auch die Swahili.

Die Lohnarbeit

Eine weitere Möglichkeit, bares Geld zu verdienen, besteht auf den großen Plantagen. Afrikaner verdingen sich dort als Lohnarbeiter und sind zeitweise als Saison- bzw. Wanderarbeiter aber auch ganzjährig beschäftigt.
Diese Plantagen haben die Europäer seit etwa 100 Jahren zunehmend in Afrika errichtet. Auf ihnen werden industrielle Rohstoffe, z.B. Sisal in Tansania oder tropische Früchte wie Kakao in Ghana, Kaffee in Äthiopien, Angola, Kenia, usw. angebaut und exportiert. - Ältere Menschen können sich hier wahrscheinlich noch daran erinnern, dass es noch bis nach dem 2. Weltkrieg bei uns die „Kolonialwarenläden" gab, Geschäfte, in denen früher Produkte aus den Kolonien verkauft wurden. - Die Plantagenwirtschaft ist nicht typisch für Afrika, sie wurde regelrecht übergestülpt. Durch sie gehen große Flächen für die Nahrungsmittelproduktion verloren. Ein weiterer Nachteil ist, dass mit diesen so genannten Monokulturen ein einseitiger Anbau erfolgt, der die Abhängigkeit der Wirtschaft des jeweiligen Landes vom Weltmarkt und seinen Preisen mit sich bringt.

Die landwirtschaftliche Existenzgrundlage

Das Krokodil ist nur stark,
wenn es im Wasser ist.
(Sprichwort der Tonga)

Rate die Bohnen

Die afrikanischen Kinder spielen oft mit Bohnen, Nüssen oder kleinen Steinchen. Sie erfinden immer neue Varianten.

Material: Bohnen
Alter: ab 5 Jahren (evtl. mit Erwachsenem)

Zwei Kinder sitzen sich auf dem Boden gegenüber. Zwischen ihnen liegt ein großes Häufchen Bohnen. Ein Kind nimmt sich unbemerkt einige Bohnen und schüttelt sie zwischen den Händen. Das andere Kind soll erraten, wie viele Bohnen es sind. Hat es richtig geraten, bekommt es die Bohnen. Hat es falsch geraten, bekommt das erste Kind die Bohnen und legt sie zum eigenen Häuflein vor sich ab.
Bei kleineren Kindern darauf achten, dass immer nur wenige Bohnen zum Schütteln genommen werden, damit die Anzahl noch erfasst werden kann.
Musikalische Spielvariante: Die Kinder legen Bohnen in ein kleines Taschentuch und binden es wie ein Säckchen zu. Damit wird zu Liedern oder Musikstücken gerüttelt oder auf die Hand geklopft.

Dattelpalmen ziehen

In Afrika gibt es viele Palmenarten, unter anderem Kokospalmen, Hanfpalmen, Ölpalmen und Dattelpalmen. Dattelpalmen werden bis zu 30 m hoch und tragen in der Krone etwa 200 Datteln. Daraus wird unter anderem Dattelbrot gebacken, die härteren Sorten dienen als Viehfutter. Angepflanzt werden die Dattelpalmen an Flüssen oder in Oasen. Die Datteln werden geerntet, bevor sie reif sind und dann in der Sonne nachgereift und angetrocknet. Wir kaufen sie bei uns als Trockenfrüchte. Datteln sind im Früchtebrot, im Kuchen, im Konfekt und werden auch pur gegessen. Von den verschiedenen Arten der Dattelpalmen haben wir für unser Spiel eine Sorte ausgesucht, die bei Zimmertemperatur gut gedeiht.

Material: Dattel, Wasser, Blumentopf, Blumenerde
Alter: ab 3 Jahren

Dattel essen und den Kern in warmes Wasser legen (30 - 35°C) und zwei Tage stehen lassen. Dann wird der Kern etwa 5 cm tief in einen Topf mit Blumenerde gesteckt. Sonnenwärme und regelmäßiges Gießen sorgen dafür, dass sich nach mehreren Wochen ein stricknadelartiger erster Trieb zeigt.
Die junge Pflanze muss dann zunächst etwas schattig gestellt werden. Die älteren Pflanzen wachsen sowohl im Schatten als auch in der Sonne.
Achtung: werden die Blattspitzen braun und trocken, ist die Luftfeuchtigkeit zu gering. Sprühen hilft manchmal.

Erdzither

Die Erdzither ist in Madagaskar, in Uganda und Zaire vor allem ein Kinderinstrument. Die Erdzither hat ihren Namen auf Grund ihrer Funktionsweise erhalten. Bei dieser Art von Zither ist ein Loch in der Erde der Klangkörper, während bei allen anderen Instrumenten Kalebassen, Kokosnüsse u.Ä. als Klangkörper dienen.
Zum Bau einer Erdzither heben die Afrikaner zuerst das Erdloch aus und decken es mit Baumrinde oder Brettern ab. Darüber bauen sie ein Holzgestell, das als Saitenträger dient. Als Saiten werden Tiersehnen oder Dzidzingba-Gras verwendet. In Nordostzaire spielen die Kinder die Erdzither, wenn sie die Maisfelder vor den Vögeln schützen wollen.

Material: Spaten, Sperrholzplatte, 2 Steine, 3 Holzpflöcke, Messer, Feile, Hammer, Nylonsehne, 2 Kochlöffel, Bandmaß
Alter: ab 5 Jahren (Spiel: ab 3 Jahren)

Es wird ein 25 cm bis 30 cm tiefes Loch mit einem Durchmesser von etwa 20 cm in der Erde ausgehoben. Dieses Loch wird mit einer dünnen Sperrholzplatte abgedeckt.Damit die Sperrholzplatte fest aufliegt und nicht verrutscht,wird sie an zwei gegenüberliegenden Seiten mit je einem Stein beschwert.
In die Mitte der Abdeckung wird senkrecht ein etwa 4 cm dicker und 40 cm langer Holzpflock aufgesetzt. Dieser Holzpflock erhält oben eine V-Einkerbung als Saitenauflage. Links und rechts der Erdloch-Abdeckung werden ebensolche Holzpflöcke mit einer Höhe von 30 cm in den Boden gerammt. (Besser ist es, wenn die Pflöcke vorher angespitzt werden).
Der Abstand vom Mittelpflock zu den beiden Seitenpflöcken beträgt jeweils etwa 45 cm. Über alle drei Holzpflöcke hinweg wird innerhalb der V-Einkerbung eine Nylonsaite gespannt und verknotet. Zwei Kinder können an je einer Seite mit Kochlöffeln einen Takt klopfen. So klingen Töne aus dem Erdloch.

Vögel und Zither (ab 3 Jahren)

Zwei Kinder klopfen die Zither, alle anderen sind die Vögel. Solange die Zither gespielt wird, flattern alle Vögel ganz schnell herum. Abrupt hören die Zitherspieler auf. Wer dann noch flattert und sich nicht schnell duckt, muss ausscheiden und sich hinter einen der Zitherspieler setzen. Die letzten beiden Vögel sind dann die neuen Zitherspieler.

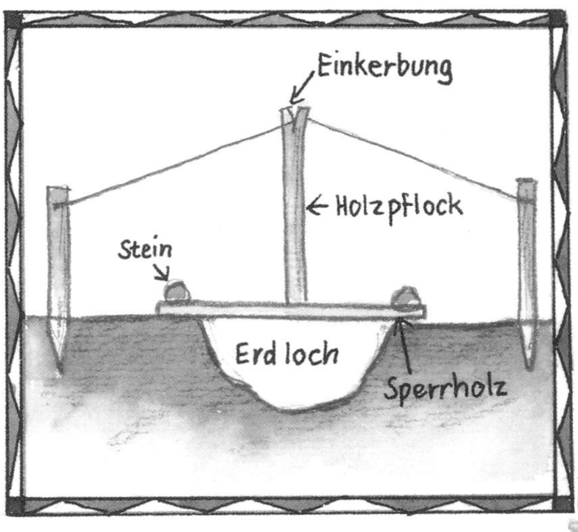

Fischkörbe

Beim Fischen im Fluss halten die Kinder ihre Körbe so, dass die Strömung ihnen die Fische hineintreibt. 30 bis 40 m entfernt steht ein weiteres Kind, das die Fische laut aufscheucht. Ein weiteres Kind steht außerhalb des flachen Wassers und passt auf, dass keine Krokodile erscheinen.

Material: geflochtene Körbe (S. 100), 20 Holzbausteine, 1 Jaulschlauch
Alter: ab 4 Jahren

Dieses Spiel wird zu dritt gespielt. Ein Kind ist das Krokodil. Die beiden anderen wollen gemeinsam möglichst viele Fische fangen, ohne vom Krokodil gestört zu werden.

Die zwei Fischer stehen etwa drei Meter voneinander entfernt auf einer abgegrenzten Fläche (Sandkasten, auf Asphalt oder Erde gemaltes Viereck), dem Wasser. Ein Kind hat einen Korb, das andere 20 schmale Holzbausteinchen (Fische) neben sich, die es in den Korb werfen (scheuchen) muss.

Das Krokodil steht außerhalb des Spielfelds und hat einen Jaulschlauch in der Hand. Es muss zuerst den Jaulschlauch schwingen und zum Tönen bringen, bevor es hervorstoßen darf. Hört das Fängerkind das Jaulen, setzt es sich den Korb schnell auf den Kopf und flieht, ehe das Krokodil es mit dem Jaulschlauch berühren kann, aus dem Wasser. Hat das Krokodil das Kind aber berührt, muss es stehen bleiben. Die Rollen werden getauscht und das Spiel beginnt von vorn. Bei Nichtberührung wird das Spiel an der unterbrochenen Stelle fortgesetzt. Dazu verlässt das Krokodil das Wasser und das Kind mit dem Korb stellt sich wieder darin auf. Das dritte Kind wirft wieder die Fische, bis der Jaulton erklingt.

Sind alle Fische im Korb, ohne dass das Krokodil das Kind fangen konnte, haben die beiden Fischer gewonnen und eine weitere Partie kann mit drei weiteren Kindern beginnen.

Nelkenkopf

Sansibar wird auch als Nelkeninsel bezeichnet. Gewürznelken werden fast ausschließlich hier geerntet und in alle Welt exportiert. Mit diesem Handel gehörte und gehört Sansibar zu den reicheren Gebieten Afrikas.

Material: Apfelsine, Gewürznelken, Zwirn, Schere, Nähnadel, Buntpapier, Universal-Stark-Kleber
Alter: ab 3 Jahren

Eine Apfelsine ringsum mit Gewürznelken spicken, dass keine Lücke bleibt. Aus dem Buntpapier kleine runde Augen und Mundschlitz schneiden. Mit Universalkleber aufkleben.
Mit Nadel und Faden die Apfelsine oben durchstechen, damit eine Schlaufe zum Aufhängen entsteht.
Übrigens: Die Apfelsine fault nicht, sie trocknet ein und duftet lange.

Käscher

Material: Wasserbottich oder kleines Planschbecken, kleine Papierschnipsel, Körbe (S. 100) oder Siebe
Alter: ab 3 Jahren

Auf dem mit Wasser gefüllten Bottich werden kleine Papierschnipsel verteilt. Zwei Kinder stehen sich am Rand des Bottichs gegenüber und haben einen Korb in der Hand. Sie versuchen mit dem Korb die Papierschnipsel zu fangen, bevor sie untergehen.
Wer ein Schnipsel gefangen hat, muss es erst herausnehmen, bevor das nächste gefischt werden darf.
Es muss sehr schnell gehen, sonst versinken sie.

Tieftaucher

Ein beliebtes Spiel der Jungen ist das Tieftauchen im See. Dabei probieren sie, vom Grund des Sees eine Hand voll Sand nach oben zu befördern. Wer es schafft, ist ein anerkanntes Mitglied der Gemeinschaft.

Material: riesiges blaues Tuch, Häufchen Sand, Wäscheklammer, Tüchlein
Alter: ab 3 Jahren

Unter einem riesigen blauen Tuch liegt ein Häufchen Sand. Dem „Taucher" oder der „Taucherin" werden die Augen verbunden. Die Nase wird mit einer Wäscheklammer zugekniffen. Die linke Hand hält den Mund fest zu. Dann versucht der Taucher ohne zu sehen und zu atmen unter dem Tuch hindurch zu kriechen und dabei eine Hand voll Sand mit der rechten Hand zu erwischen. Wer am anderen Ende mit dem Sand in der Hand hervorkommt, wird mit Beifall von den anderen begrüßt.
Variante: An sehr heißen Tagen kann auch im Planschbecken auf dem Hof ein kleiner Gegenstand vom Grunde des Wasserbeckens gesucht werden, evtl. mit Stoppuhr.

Das Hand- und Kunsthandwerk der Männer und Jungen

Gesundheit des Körpers
ist Reichtum.
(Sprichwort der Fulbe)

So tun wir unsere Arbeit

(Kikuyu, Kenia)

Alter: ab 4 Jahren

Die Kinder bilden zwei Reihen. Sie stellen sich einander zugekehrt etwa drei Meter voneinander entfernt auf.

Alle singen gemeinsam die immer wiederkehrende 1. Strophe „So tun wir unsre Arbeit hier im Lande Kikuyu". Danach tritt eine Reihe zwei Schritte vor, singt die zweite Strophe und begleitet die darin beschriebene Arbeit mit entsprechenden Bewegungen.

Dann singen wieder alle die 1. Strophe. Dabei tritt die erste Gruppe wieder zwei Schritte zurück und die andere zwei Schritte vor. So geht es weiter, bis alles gezeigt ist, was im Lande Kikuyu getan wird.(3)

So tun wir unsre Arbeit

1. **So tun wir unsre Arbeit hier im Lande Kikuyu,**
   so tun wir unsre Arbeit im Lande Kikuyu.
2. **So schlagen wir das Holz ab hier im Lande Kikuyu,**
   so tun wir unsre Arbeit ...
3. **So machen wir das Feuer hier im Lande Kikuyu,**
   so tun wir unsre Arbeit ...
4. **So kochen wir das Essen hier im Lande Kikuyu,**
   so tun wir unsre Arbeit ...
5. **So trag'n wir unsre Kinder hier im Lande Kikuyu,**
   so tun wir unsre Arbeit ...
6. **So hüten wir die Tiere hier im Lande Kikuyu,**
   so tun wir unsre Arbeit ...
7. **So formen wir die Krüge hier im Lande Kikuyu,**
   so tun wir unsre Arbeit ...

(Weitere Strophen können erfunden werden.)

Vieh hüten

(aus Sambia)

Material: kleine (markante) Steinchen
Alter: ab 6 Jahren

Vier Kinder sitzen in einer Reihe nebeneinander. Jedes Kind malt vor sich einen kleinen Kreis als Kral und legt vier kleine Steine hinein. Die Steine symbolisieren die Tiere.
Ein Kind steht den Krals gegenüber und gibt an, sein Vieh kontrollieren zu wollen. Es ruft: „Ich überprüfe meinen Kral." Dabei schaut es sich die Steinchen genau an und prägt sich ihre Lage gut ein. Dann dreht es den Krals den Rücken zu.
Jetzt verändern ein oder zwei Kinder die Lage der Steinchen in ihrem Kral.
Das stehende Kind dreht sich zurück und ruft wieder: „Ich überprüfe meinen Kral!" Merkt es, welche Steinchen verändert wurden, nimmt es sie heraus und legt sie zur Seite. Eine neue Runde beginnt. So geht es weiter, bis der Viehhüter alle Tiere entdeckt hat oder bis er eine Veränderung nicht bemerkt, dann werden die Rollen getauscht.
Variante: Das Spiel kann auch so verlaufen, dass die Steinchen nicht innerhalb des eigenen Krals verändert, sondern zwischen zwei oder drei Krals ausgetauscht werden.

Modellieren eines Kopfes

Bergarbeiter fanden bei Arbeiten in den Zinngruben von Nigeria Spuren der so genannten „Nokfigurenkultur", als sie nach dem 2. Weltkrieg eine Reaktivierung der Gruben vornahmen. Archäologen brachten daraufhin eine große Zahl von meisterhaften Tonfiguren aus dem 1. Jahrtausend v. Chr. ans Licht: menschliche Köpfe, Tierköpfe, lebensgroße Menschen und Tiere. Weil die Ausgrabungen das Dorf Nok betrafen, heißt diese Kultur „Nokfigurenkultur".

Material: Westerwälder Ton*, Wasser im kleinen Töpfchen, Kuchenrolle, Modellierstäbchen, Plastikrohling eines Gesichtes*, Messer, farbloser Lack, Fingerfarben
Alter: ab 4 Jahren

Der Westerwälder Ton wird in fingerdicken Scheiben mit dem Messer waagerecht abgetragen, nicht geknetet sondern gleich ausgerollt. Der flache, ausgerollte Ton wird auf den Plastikrohling aufgelegt und angedrückt. Dabei die Finger immer wieder leicht anfeuchten. Rings um die Maske Überstehendes abschneiden. Mit dem Modellierstäbchen oder dem Messer Augen und Mund ausstechen, leicht wulsten und die Nase etwas abflachen. Anschließend trocknen lassen, Plastikrohling entfernen und den geformten Ton in den Brennofen stellen. Nach Abkühlung evtl. mit Fingerfarben bemalen. Farbloser Lack verhindert das Abfärben.

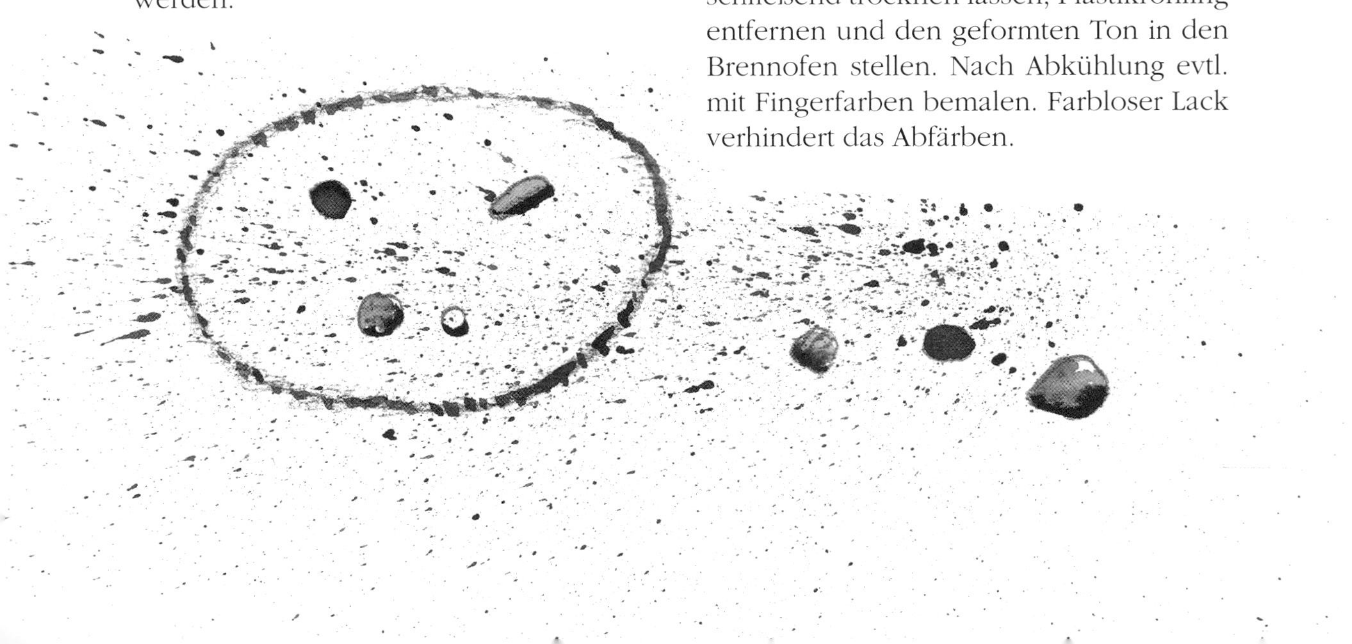

Vorratskrüge aus Ton

Töpfe aus Ton werden im Haushalt ständig verwendet - zur Aufbewahrung und für den Transport von Lebensmitteln, zum Anrühren von Speisen, zum Wasserholen usw. Manchmal sind sie bunt bemalt, oder es werden vor dem Brennen Muster mit dem Messer eingedrückt.

Material: Ton oder Kreulo-Plast-Modellier- und Skulpturmasse*, Holzmodellierstäbchen*, Holz- oder Kunststoffunterlage, Wasser im Schälchen, Lack- oder Wasserfarben, Pinsel, Feile, Messer, Sandpapier
Alter: ab 4 Jahren

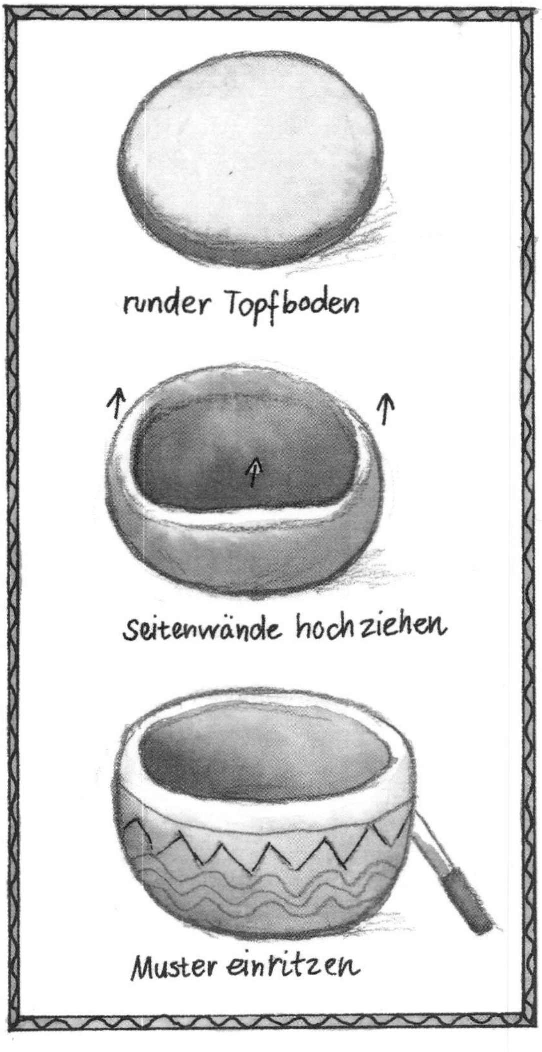

Als lufthärtende Modellier- und Skulpturmasse am besten die Farbe Terrakotta wählen. Die Masse (ein 500 g Päckchen) zu einem runden Topfboden kneten, ab und zu mit Wasser tonartig glätten. Die Seitenwände durch Drehen und „Hochziehen" des Materials formen (die Masse wird aus dem Topfboden gezogen) und mit Wasser glätten. Die Form kann je nach Vorstellung unterschiedlich sein. Will jemand Muster mit dem Messer oder Hölzchen ritzen bzw. drücken, so muss das gleich anschließend geschehen. Dann ein bis zwei Tage an der Luft härten lassen. Wer möchte, kann den Oberrand dann noch durch Feilen, Schneiden oder Schleifen verschönern.
Soll der Tontopf nur bemalt werden, kann das gleich nach dem Trocknen (auch ohne vorher zu ritzen oder Muster zu drücken) mit Lack- oder Wasserfarben getan werden.

Puppe aus Schaufel und Besen

In der modernen afrikanischen Kunst werden Materialien wie Plastikgefäße, Kronkorken, Perücken, Autoteile und Ähnliches verwendet, um Installationen zu gestalten.

Material: Holzhandfeger, Metallmüllschaufel, Packklebestreifen, Schere, Klebepunkte, Hammer, Holzleisten, Bohrmaschine, Schrauben, Schraubenschlüssel, (für das Spiel: bunte Magnete)
Alter: ab 4 Jahren (mit Erwachsenen)

Aus Handfeger und Müllschaufel soll eine Puppe gebaut werden.
Dazu wird der Handfegerstiel mit dem Messer so angespitzt, (das sollten nur die größeren Kinder versuchen, ab sechs Jahren etwa), dass er in den hohlen Stiel der Schaufel passt. Die Handfegerhaare zeigen nach hinten, das glatte Holz zeigt nach vorn. Jetzt ist die äußere Form der Puppe entstanden: der Handfeger stellt mit seinen Haaren den Kopf der Puppe dar, der Stiel den Oberkörper und die Schaufel den Rock.
Nun wird das Gesicht der Puppe auf dem glatten Holz des Handfegers angedeutet, indem zwei Klebepunkte als Augen fungieren. Dann werden beide Stiele zum festen Halt mit Klebeband umwickelt.
Die Müllschaufel aus Metall ist der Rock. Mit der Bohrmaschine (Erwachsene) werden zwei Löcher für die Leisten in den „Rock“gebohrt (s. Abb.). Die zwei Holzleisten als Beine werden mit je einer Schraube von hinten festgedreht.
Nun kann die Puppe mit den Beinen in Erde gesteckt werden, damit sie fest aufrecht steht.

Spielanregung

Das Spiel besteht darin, verschiedenfarbige Magnete auf den Schaufelrock zu werfen, um der Puppe einen bunten Rock „anzuziehen“.
Das kann evtl. als Wettspiel gestaltet werden: Wer trifft den Rock am häufigsten?

Geschnitzter Hocker

Es heißt, früher wurde ein Mann nach seinem Hocker beurteilt und geachtet, heute nach seinem Auto.
Der Hocker ist bei vielen Völkern das wichtigste Möbelstück. Er bezeichnet dort den sozialen Rang.
Bei den Ashanti in Ghana glaubte man, dass der Hocker zugleich der Sitz der Seele ist. Der Hocker durfte nie verliehen werden und kein Fremder durfte sich darauf setzen. Wenn ein Ashanti-Häuptling seinen Pflichten nicht nachkam, verlor er seinen Sitz und damit seine gesellschaftliche Stellung. Einem sehr guten Häuptling dagegen kann nach seinem Tode die Ehre erwiesen werden, seinen Hocker zu „schwärzen", um ihn in einem besonderen Raum, dem Hockertempel, aufzustellen. Dort kommt ihm eine vergleichbare Rolle wie den Ahnenstatuen bei anderen Völkern zu.

Material: Baumstamm-Scheiben, Schnitzmessersatz*, Tücher
Alter: ab 7 Jahren (Spiel: ab 3 Jahren)

Die Baumstamm-Scheiben mit unterschiedlichem Durchmesser und verschiedener Höhe werden von den größeren Kindern seitlich in der Rinde beschnitzt. Das können Tierfiguren sein oder einfach nur Fantasiemuster.

Spielanregung

An dem folgenden Spiel können sich auch die kleineren Kinder beteiligen.
Alle Hocker (beschnitzte Baumstamm-Scheiben) werden im Kreis angeordnet. Jedes Kind sucht sich einen Hocker und betastet diesen genau von oben und unten, besonders aber die Schnitzereien an der Seite. Dann nimmt es auf dem Hocker Platz, und die Spielleitung verbindet jedem Kind die Augen.
Jetzt ruft der Spielleiter: „Wechselt die Plätze!" Bei diesem Ruf treten alle Kinder in die Kreismitte. Hier werden sie einmal um ihre eigene Achse gedreht. Die Spielleitung ruft jetzt: „Sucht eure Hocker."
Nach dieser Aufforderung suchen sich alle Kinder einen Hocker und tasten ihn ab, ob es der Eigene ist. Wer glaubt, dass er seinen eigenen Hocker gefunden hat, setzt sich schnell darauf. Ist es der Richtige, nimmt die Spielleitung das Tuch ab, das Kind bleibt bis zum Spielende sitzen.
Trifft ein Kind auf einen Hocker, auf dem schon jemand sitzt, kann es trotzdem kontrollieren, ob es wirklich ein fremder Hocker ist. Ist es aber der eigene, setzt es sich einfach auf den Schoß des Schummlers. Die Spielleitung kontrolliert die Richtigkeit. Sitzt auf dem Hocker, den ein zweites Kind beansprucht aber schon ein Kind ohne Augenbinde, schubst dieses den „Eindringling" weg.
Nach einiger Zeit heißt es wieder „Wechselt die Plätze!" und für alle Kinder, die noch eine Augenbinde tragen, beginnt das Spiel von vorne.
Das Spiel geht solange, bis alle Kinder ihren Hocker gefunden haben.

Kriegermaske

Das Tragen von Masken und damit ihre Herstellung stammt aus der Zeit der Kopfjagdbräuche. War ein Feind getötet, nahm man seinen Kopf, band ihn auf den eigenen und tanzte damit. Die Kraft sollte auf den Sieger übergehen, das Blut die Felder befruchten. Später wurden stattdessen Masken angefertigt.
Wer bei den Sala Mpasu in Zaire z.B. eine Kriegermaske trug, wurde in das Wissen des Kriegerbundes eingeweiht, das niemandem sonst zugänglich war.

Material: Zeitungspapier, birnenförmiger Luftballon, Toilettenpapier, Seidenpapier, Tapetenkleister, Schere, Flachpinsel, Schneidmesser, kleine Feile, Deckfarben, Wasserlack, Handbohrer, Schnur
Alter: ab 4 Jahren (in altersgemischten Gruppen bzw. mit Größeren)

Den Luftballon aufblasen, dass er etwa die Größe eines Kinderkopfes erreicht. Kleister dick anrühren und das in Streifen und Stücke gerissene Zeitungspapier in den Kleister tauchen. Das so getränkte Papier dann glatt auf den Ballon kleben. Etwa acht gleichmäßige Schichten auftragen. Trocknen lassen.
Den beklebten Luftballon nun so drehen, dass die spitze Seite nach unten als Kinn zeigt und die breitere Seite die Stirn darstellt. Die Stirn dick aufwölben: dazu an dieser Stelle weitere mit Kleister durchtränkte Zeitungspapierschnipsel und Toilettenpapier als Wölbung auftragen. Augen und Mund mit einem Filzstift kennzeichnen. Zerknülltes und gedrehtes Toilettenpapier mit Kleister durchfeuchten und schichtenweise als breite „Schweinenase" modellieren (s. Abb.). Die gesamte Maske mit weißem Seidenpapier abkleben. Zwei Tage trocknen lassen.
Dann den Luftballon aufschneiden, dass nur die vordere Kopfhälfte übrig bleibt. Die Schlitzaugen mit dem Schneidmesser einschneiden (Erwachsener) und den Mund so herausarbeiten, dass die Zähne noch ausgefeilt werden können. Den ganzen Kopf mit Deckfarben in Braun und Schwarz bemalen. Nach dem Trocknen mit Wasserlack übersprayen. Zum Schluss an den beiden „Ohren" Löcher mit dem Handbohrer für die Schnur bohren, um die Maske vor das Gesicht binden zu können.

Spielanregung

Zwei Maskenträger stellen sich gegenüber auf und prüfen ihre Kraft. Sie stehen jeder auf einem Bein, während sie das andere Bein mit dem Gegenüber verhakeln. Jetzt versuchen sie sich gegenseitig umzuziehen. Wer bleibt stehen?
Oder:
Zwei Maskenträger stehen sich gegenüber und probieren Stockziehen. Sie halten einen Stock an je einem Ende und ziehen. Wer ist stärker?
Oder:
Viele Maskenträger geben sich geheime Botschaften weiter. Sie stehen im Kreis und flüstern sich ein Wort oder eine Nachricht zu. Es wird von Spieler zu Spieler weitergeflüstert, z.B. ndoge (= Name eines Geheimbundes) oder Kriegermaske. Welches Wort oder welche Nachricht kommt am Ende an?

Tiermaske (Affe)

Zur Verehrung von Buschgeistern werden Tiermasken getragen. Die Maske ist ein geheiligtes Objekt, sein Träger darf sie niemals zerbrechen. „Aufgeladen" wird die Maske durch Amulette, auch durch Musik und Tanz, wobei der Träger in Trance gerät und geheime Botschaften verkündet.

Material: dunkelbraunes Tonpapier, grauen und weißen Karton, weißes und rotes Buntpapier, Schere, Kleber, Bändchen
Alter: ab 4 Jahren

Die Abb. des Affenkopfes kopieren und vergrößern. Dann auf das braune Tonpapier legen und ausschneiden. Augen, Mund und Nasenlöcher markieren und entsprechende Löcher schneiden. Um die Augen zunächst einen Streifen rotes Buntpapier kleben, dann einen breiten Streifen weißes. Als Nase aus dem braunen Tonpapier ein langes Dreieck schneiden, in der Mitte längs falten und über die Nasenlöcher kleben. Rings um den Kopf wird der Bart geklebt: dazu den grauen und weißen Karton in 7 cm lange und 1,5 cm breite Streifen schneiden und ringsherum an der Maske festkleben. Mit der Schere werden bei den Ohren Löcher eingestochen, um das Bändchen zur Befestigung am Maskenträger hindurchziehen zu können.
Variante: Den Masken verschiedene Formen und Farben geben

Spielanregung

Affen sind gute Wasserfinder, auch in Gebieten, wo es scheinbar keinen Tropfen gibt.
Im Sandkasten werden gefüllte Wasserballons in Löcher gelegt und nur flach mit Sand bedeckt, damit sie nicht auszumachen sind. Die Affen dürfen nacheinander immer nur einen Sprung tun. Wer ist auf einem Wasserballon gelandet?

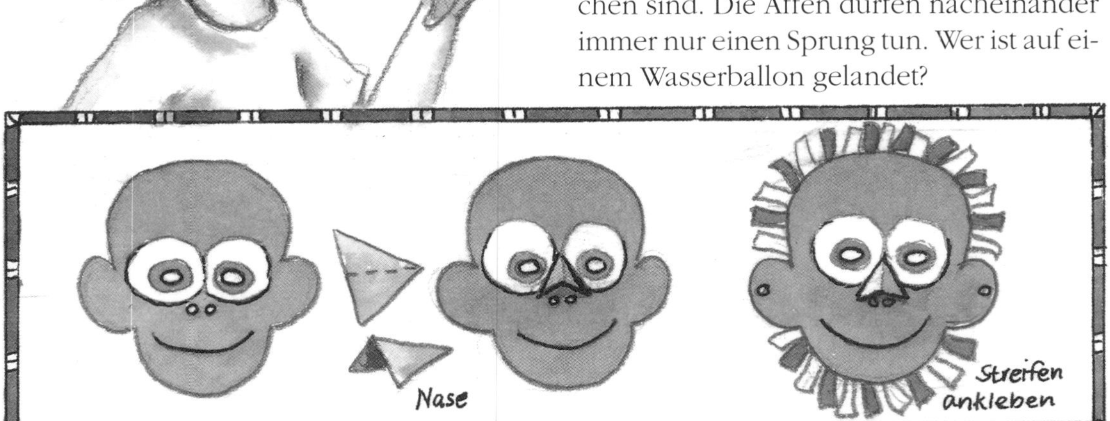

Die Arbeit der Frauen und Mädchen

Nur ein geduldiger Mensch kann einen Stein kochen und den Saft daraus trinken.
(Sprichwort der Fulbe)

Mais stampfen

Brei aus Mais bildet eines der Hauptnahrungsmittel in den meisten afrikanischen Ländern.
Mais stampfen ist Aufgabe der Mädchen und Frauen. Es ist eine langwierige und anstrengende Beschäftigung. Der Mörser ist eine Art hoher Holzbottich. Darin liegen die Maiskörner. Gestampft wird mit dicken Pfählen, den Stößeln. Da diese Arbeit zu zweit unterhaltsamer ist, stehen sich meist zwei Frauen oder Mädchen am Mörser gegenüber und lassen abwechselnd ihre Stößel sausen. Sie werfen sie in die Luft, klatschen in die Hände und drehen sich um sich selbst. Stets muss der Mörser richtig getroffen werden. Dazu entwickeln sie Reime und Lieder.

Material: Mörser (S. 35) oder alter Kochtopf, 2 oder 6 Stößel (S. 35) oder Besenstiele
Alter: ab 4 Jahren

Zwei Kinder stehen sich mit je einem Besenstiel am Kochtopf gegenüber. Dabei kann die Tätigkeit im Rhythmus gesprochen werden:

stamp	- fen,	stamp	- fen,
wer	- fen,	wer	- fen,
klat	- schen,	klat	- schen,
dre	- hen,	dre	- hen,

Diese Variante eignet sich für kleinere Kinder; sie werden sicher die Bewegungen spiegelgleich ausführen. Bei größeren Kindern auf das abwechselnde Stampfen achten. Zudem kann bei ca. 6-Jährigen die Schwere des Stößels erhöht werden, indem drei Besenstiele zu einem Stößel zusammengeklebt werden (Paketklebeband).
Ein weiterer Schwierigkeitsgrad ist, das Tempo zu erhöhen.

Variante: Die Kinder stampfen im Sprechrhythmus und treffen dabei abwechselnd den Topf - jede Sprechzeile wird wiederholt:

He	-ja	stampf	den	Mais
stampf	den	Mais	ganz	weich
Heja	Heja	Heja	Heja	Hoo
(ein Kind stampft 1x auf)		*(zweites Kind stampft 1x auf)*		*(erstes Kind stampft 1x auf)*

Anmerkungen: Wer möchte, kann den Text einfach nach Gefühl stampfen und sprechen.

Maisbrei kochen

Der Mais wird bei fast allen Afrikanern auf einer Feuerstelle im Freien gekocht. Die Feuerstelle besteht meist aus drei Steinen, darunter geschobenen langen Feuerhölzern, einem obenauf stehenden Topf und zwei Rührkellen. Die Aufgabe der Kinder ist das ständige Rühren des Breis. Gegessen wird stets mit der rechten Hand, indem kleine Portionen mit den Fingern zu Kugeln geformt werden.
Alle Familienmitglieder essen aus einem Topf.
Wer etwas reicher ist, kann den Brei mit Soße aus Fleisch oder Fisch würzen.
Die einseitige Ernährung ruft viele Mangelkrankheiten hervor.

Material: 3 größere Steine, alter Topf, 2 Kellen, Maismehl, Milch, Wasser, Brühwürfel, Salz, Feuerholz, Zündhölzer (ERWACHSENE!)
Alter: ab 6 Jahren (die Kleineren bekommen dann den fertigen Brei zum Kosten)

Wichtig: Vor dem Einrichten der Feuerstelle die Genehmigung beim Ordnungsamt der jeweiligen Stadt einholen und entsprechend der Auflage den Ort absichern!

Einen alten Topf auf drei Steine stellen, kleine Hölzchen darunter anzünden (ERWACHSENE) und längere Hölzer nachschieben. Wasser in den Topf füllen, mit Maismehl vermengen und etwas Milch dazugießen. Es soll ein dicker Brei entstehen. Zwei Kinder ständig rühren lassen. Zum Schluss ein wenig Fleischbrühe unterziehen.

Bedrucken von Stoff

Die Muster wurden in traditioneller Weise meist auf den Stoff gedruckt bzw. gestempelt. Stempel wurden aus Kalebassen (Kürbissen) geschnitten. Die Stempel erhielten verschiedene Formen und Symbole. Besonders in Ghana bei den Ashanti erlebte der Druck eine Hochzeit und wurde bekannt unter dem Namen ADINKRA-MUSTER. Der Aufdruck der Muster war meist schwarz (aus den Pigmenten der Baumrinde gewonnen). Bevor die afrikanischen Stoffdruckerinnen mit der Arbeit beginnen (es wird auch heute noch so verfahren), teilen sie die Stoffbahn in Quadrate. Jedes Quadrat erhält ein eigenes Motiv, das sich aber auch wiederholen kann. Die meisten Adinkra-Muster beinhalten als Weisheit ein Sprichwort.
Viele Afrikaner tragen aber heute schon vermehrt statt bedruckter afrikanischer Stoffe T-Shirts oder Ähnliches.

Korken- oder Kartoffeldruck

Material: Stoffbeutel aus Baumwolle, Schere, Schnitzmesser, Korken (oder Kartoffel), flüssige Stoffmalfarbe, Pinsel, Bügeleisen, weißes Blatt Papier, Klebeband
Alter: ab 3 Jahren (wenn Erwachsene Muster mit Messer vorschnitzen, sonst ab 6 Jahren)

Vorder- und Rückseite des Stoffbeutels jeweils in vier Quadrate unterteilen und mit schmalen Klebestreifen markieren. Aus Korken (oder Kartoffeln) Stempel herstellen: die folgenden Muster erst anritzen, dann mit dem Schnitzmesser rings um die angeritzte Fläche das Material so wegschneiden, dass die Muster als stehende Druckfläche erhalten bleiben.
Nun den Stempel mit schwarzer Stoffmalfarbe einstreichen und das Muster auf den Stoff drucken. Nach dem Trocknen der Farbe ein weißes Blatt Papier auflegen, abbügeln und so die Farbe fixieren.

Hier einige Muster und ihre Bedeutung:

Geduld 

Talisman für Glück 

Beweglichkeit 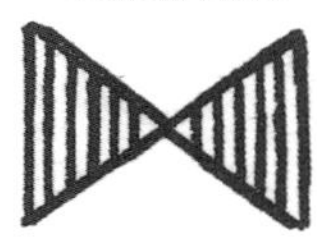

Autorität, Größe 

Moosgummidruck

Material: T-Shirt, Moosgummi*, Schere, 1 Kantholz (etwa 8x8 cm, ca. 3 cm hoch), Pinsel, Papier, Bleistift, Kraftkleber, Pappe, Bügeleisen, weißes Papier
Alter: ab 5 Jahren

Für den T-Shirt-Aufdruck eines der folgenden Symbole in Großformat aussuchen. Großformat bedeutet hier 8x8 cm, da afrikanische Muster sonst in der Regel viel kleiner sind.

Geduld, Schutz brauchen
„Wenn das Huhn auf sein Küken tritt, stirbt dieses nicht." (Sprichwort)

Hoffnung
„Gott gib, dass meine Hand erreichen kann, alles was im Himmel ist." (Sprichwort)

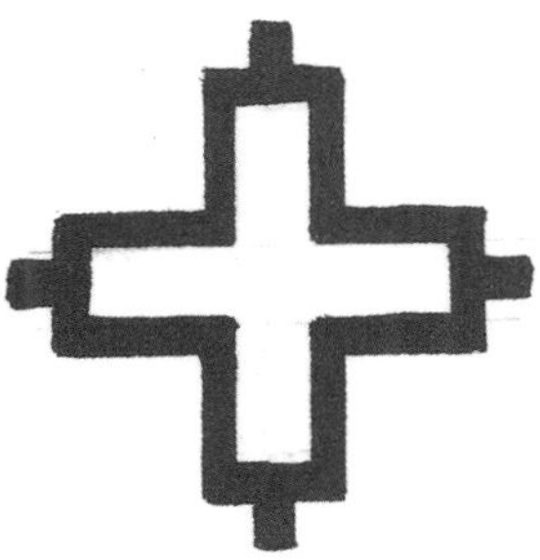

Macht, Autorität, Kraft
(ein zweistöckiges Haus oder Schloss wird symbolisiert)

Das entsprechende Symbol auf weißes Papier (8x8 cm) aufzeichnen und ausschneiden. Das Symbol auf Moosgummi legen, ummalen und das Moosgummi ausschneiden. Die Schablone spiegelverkehrt mit Kraftkleber auf das Holzbrettchen kleben. Damit es gut hält, wird es mit Büchern o.Ä. beschwert.
In der Zwischenzeit ein Stück Pappe oder Sperrholz in das T-Shirt schieben. Ist der Kraftkleber gut gehärtet, kann die Moosgummischablone auf dem Holzbrettchen mit Stofffarbe bemalt werden. Damit das T-Shirt bedrucken. Die Farbe nach dem Trocknen durch Überbügeln mit einem weißen Blatt Papier fixieren.
Variante: Wer möchte, kann auch den Schirm seiner weißen Sonnenmütze bedrucken.

Begrüßungszeremonie

Wenn Bekannte sich treffen, beginnen sie schon von weitem sich zu begrüßen. Die Höflichkeit erfordert eine sehr lange und ausführliche Zeremonie.

Akuwa und Yaa treffen sich:

AKUWA: Wie geht's?
YAA: Danke, gut. Ich grüße dich.
AKUWA: Danke sehr. Hast du Probleme?
YAA: Nein, danke der Nachfrage. Ich habe keine Probleme. Und du?
AKUWA: Nein. Was gibt es Neues?
YAA: Nun, nichts Besonderes.
AKUWA: Bei mir auch nicht. Ich bin zufrieden. Salama.
YAA: Salama.
AKUWA: Und deine Kinder?
YAA: Mit ihnen gibt es keine Probleme.
AKUWA: Wie geht es deinem Mann?
YAA: Es geht ihm gut. Und bei dir zu Hause?
AKUWA: Auch alles gut.
YAA: Was macht das Wetter?
AKUWA: Nun ja, die Trockenheit.
YAA: Was machen deine Freunde?
AKUWA: Ich treffe sie hin und wieder. Und deine Freunde?
YAA: Sie kommen mich öfter besuchen.
AKUWA: Wie geht es deinen Tieren?
YAA: Danke, ich bin zufrieden.
AKUWA: Ist bei dir in Haus und Hof alles in Ordnung?
YAA: Ja, alles in Ordnung. Und wie ist es bei dir?
AKUWA: Bei mir ist auch alles in Ordnung.
YAA: Auf Wiedersehen, geh mit Gott.
AKUWA: Auf Wiedersehen, geh mit Gott.

Arbeit mit dem Text:

Material: Grasring, Korb
Alter: ab 5 Jahren

Zwei Kinder können entsprechend der Vorgabe die Begrüßung zischen Akuwa und Yaa nachspielen. Diese kann beispielsweise auf dem Markt stattfinden. Dazu tragen beide Kinder einen Obstkorb auf dem Kopf. Für kleinere Kinder kann die gesamte Zeremonie verkürzt werden, damit sie den Sprechtext behalten.

Grasring herstellen

Gras oder manchmal auch Tücher werden von den Frauen zu einem Ring oder Kranz gelegt, der den Kopf beim Tragen schützt. Der Tragekorb, der Wassereimer, die Schüssel oder das Holzbündel bekommen dadurch festeren Halt. Alle Lasten werden so transportiert, weil das senkrechte Einwirken der Kraft gesünder als andere Tragetechniken ist.

Material: Büschel langer Grashalme, evtl. Bindfaden, für das Spiel: Schüsseln oder Körbe (S. 100) mit Früchten bzw. Gemüse
Alter: ab 3 Jahren

Zwei etwa gleich dicke Grashalm-Büschel werden miteinander verdreht und dem Umfang des Kopfes angepasst. Ein einzelner, sehr langer Halm wird fest um das Gedrehte gewunden. Ist kein langer Grashalm zu finden, kann auch ein grüner Bindfaden genommen werden.

Spielanregung

Die Kinder legen den Grasring fest auf den Kopf. Darauf stellen sie eine Schüssel oder einen Korb, der mit Gemüse bzw. mit Früchten vom „Markt" gefüllt ist. Größere Kinder versuchen, den Korb ohne Anfassen zu balancieren. Die kleineren halten den Korb fest. Dabei gehen sie im Kreis und wiegen sich in den Hüften.

Stoff mit Muster batiken

Batik eines Kreises

Material: dampffixierbare Seidenmalfarben oder rote Beete, Tee, Spinat, Zwiebelschalen, Curry, Essig, mehrere Kochtöpfe, Holzkelle, Baumwollgarn oder Schnur, Baumwolltuch 90x90 cm
Alter: ab 7 Jahren (bei kleineren Kindern in enger Hilfe mit Erwachsenen)

Es gibt Seidenmalfarben, die auf pflanzlicher Basis hergestellt sind. Aber auch mit **roten Beeten** (Farbe Rot), **Spinat** (Farbe Grün), **Tee** (Farbe Schwarz), **Curry** (Farbe Gelb), **Zwiebelschalen** (Farbe Braun) und **Henna** (Farbe Dunkelrot) lässt sich gut batiken. Die entsprechenden Zutaten für die Farben auswählen und jeweils in einem Kochtopf zwei Stunden kochen lassen. Ein Schuss Essig im Kochsud sorgt für das Fixieren.

Ist die Farbe zum Einlegen des Stoffes bereit, muss das Tuch vorbereitet werden. Zunächst wird es in seiner ganzen Größe flach ausgebreitet. Den Mittelpunkt des Tuches mit drei Fingern anheben und den somit herunter hängenden Teil „kordeln" (in eine Richtung eindrehen), bis er „springt" (das Tuch durch die Spannung in der Mitte einknickt). Dann das durch das „Springen" entstandene doppelte Tuchteil kordeln, bis dieser Teil ebenfalls „springt". Jetzt mit Schnur bis zu sieben Stellen abbinden und in die erste Farbe tauchen. Das abgebundene Tuch etwa 45 Minuten in dem Kochtopf köchelnd belassen. Ab und zu mit dem Kochlöffel eintauchen. Nach dem Herausnehmen auswringen und die Schnüre aufbinden. Nun das Tuch trockenbügeln.
Bei mehrfarbigen Tüchern muss mit der helleren Farbe begonnen werden. Nach dem Aufbinden der Schnüre und erneutem Abbinden (an anderen oder /und an den gleichen Stellen) wird das Tuch in die nächste, dunklere Farbe getaucht.

Batik einer Linie

Material: wie oben, nur die Größe des Tuches beträgt 35x130 cm (handelsüblicher Schal)
Alter: ab 7 Jahren (mit Erwachsenen)

Das Farbbad wie oben beschrieben vorbereiten. Den Schal der Länge nach einmal in der Mitte zusammenlegen. Jede Falttechnik mit dem Schal ist anschließend möglich, z.B. die Ecken einschlagen und dann erst kordeln, bis der Schal „springt". Nun siebenmal abbinden und weiter genauso wie oben vorgehen.

Batik afrikanischer Muster

Material: wie oben, außerdem Fettmalstift speziell zum Batiken*, Kerzen, Streichhölzer
Alter: ab 7 Jahren (mit Erwachsenen)

Das Farbbad wie oben angegeben vorbereiten.
Zu Beginn mit dem Fettmalstift ein afrikanisches Tier, einen Baum oder die typischen Muster aus Dreiecken auf den Stoff bringen. Statt des Fettmalstiftes können auch Wachstropfen von Kerzen in Mustern aufgetropft werden.
Dann in das Farbbad tauchen. Der Fettstift bzw. das Wachs bewirkt, dass das Tuch an diesen Stellen keine Farbe annimmt. Nach dem Trocknen wird mittels Ausbügeln zwischen weißem, saugfähigem Papier der Fettstift bzw. das Wachs wieder entfernt. Die aufgemalten Muster bleiben erhalten.

Der Feuervogel
(Ngoni, Zambia)

Es war einmal ein Mädchen, das hieß Chipo. Es lebte in einem Dorf irgendwo in dem Land, das heute Zambia genannt wird. Chipo war sehr unglücklich denn sie war hässlich, und zwar so hässlich, dass keines der anderen Kinder mit ihr spielen wollte. Immer wenn die Kinder in den Wald gingen um Feuerholz zu holen wurde sie von den anderen ausgelacht, weil sie so hässlich war. Eines Tages hielt sie es nicht mehr aus und rannte einfach allein in den Urwald. Als Chipo auf eine Lichtung trat sah sie plötzlich einen gewaltigen, roten Vogel vor sich, der sie zu sich winkte. Es war der Feuervogel. „Ich habe gesehen wie die anderen Kinder zu dir sind. Sie wollen nicht mit dir spielen weil du so hässlich bist. Das ist traurig. Ich könnte dich in das schönste Mädchen des ganzen Landes verwandeln, wenn du willst. Es gibt nur eine Bedingung. Du darfst nie und niemandem erzählen, dass ich es war der dir dein neues Aussehen geschenkt hat. Tust du es dennoch, werde ich kommen und dich holen.“ Das Mädchen willigte ein und im gleichen Augenblick war der Feuervogel verschwunden. Sie ging zur nächsten Wasserstelle, sah hinein und erkannte sich selbst nicht mehr, so schön war sie. Schnell lief sie zurück in ihr Dorf. Die Kinder spielten vor den Hütten. Als sie das Mädchen sahen dachten sie „Oh, ein neues hübsches Mädchen in unserem Dorf“ und alle liefen gleich zu ihr hin, baten sie doch mitzuspielen. Doch sie sagte, „Wisst ihr nicht wer ich bin, ich bin doch Chipo, das Mädchen mit dem ihr nie spielen wolltet“. Die anderen Kinder glaubten ihr nicht. Doch als sie die Namen der Eltern und Geschwister aller Kinder aufzählte,wussten sie, es ist Chipo. „Wer hat dich so schön gemacht?“, riefen sie und bedrängten das Mädchen, denn jede wollte selbst ein so schönes Gesicht haben. Aber Chipo wollte und wollte ihr Geheimnis nicht preisgeben. Schließlich drohten die anderen sie in den Fluss zu werfen. Unter Tränen erzählte Chipo schließlich von ihrem Erlebnis mit dem Feuervogel. Sie wusste nun, bald würde er kommen um sie zu holen. Aber als sie daran dachte, und der erste Schreck vorbei war, da wusste sie, der Feuervogel würde ihr wieder helfen, dieses Mal um das Dorf zu verlassen, dieses Dorf und seine unfreundlichen Bewohner. Sie trocknete ihre Tränen und sang :

Hört her, der Feuervogel kommt
Lauft schnell nach Haus,
und schließt die Türen zu
Der Feuervogel kommt

Afrikanische Musik und Tanz

Wenn ein Mann tanzt,
so werden die Trommeln
für ihn geschlagen.
(Sprichwort aus Nigeria)

Musik, Gesang und Tanz spielen in allen Lebensbereichen der Bevölkerung Afrikas eine große Rolle und gehören seit grauer Vorzeit als rhythmische Begleitung und Koordination bei der Arbeit zum Alltag der Menschen. Im Verlauf der Jahrhunderte bildeten sich in den verschiedenen Regionen und bei den einzelnen Völkerschaften unterschiedlichste Formen und Darstellungsweisen heraus, die eng mit der Sprache dieser Gruppen verbunden sind und bei spezifischen Anlässen zelebriert wurden und werden.

Musik, Tanz und Gesang

Vor allem der Tanz ist es, der bei allen wichtigen Ereignissen die bedeutendste Ausdrucksform ist. Ob bei Geburt oder Tod, Initiation, Reife und Hochzeit, Saat und Ernte, Fischfang, Handwerk oder Wasserholen, religiösen Zeremonien, Ritualen und kriegerischen Ereignissen, der Tanz und die Musik sind kaum wegzudenken. Begleitet werden sie natürlich vom Gesang, wobei oft ein Vorsänger eine kurze Strophe intoniert, der Chor wiederholt die Strophe. Dabei haben viele Lieder eine lange überlieferte Form: Vorsänger - Chor, Wechselgesang, Sologesang, Gesang der Frauen, Gesang der Männer usw. Oft lauscht man abends den gesungenen oder mit Musik untermalten Märchen und Mythen. Von den Barden oder Griots wurden - wie im Mittelalter in Europa - Lieder zu Ehren des Häuptlings, angesehener Familien oder großer Ereignisse verfasst.

Lieder können aber auch Stimmungen und Gefühle ausdrücken, z.B. Missgeschicke wie Armut und Hunger oder Lebensfreude. Es kommt auch vor, dass Verhaltensweisen, die nicht den Normen der Gesellschaft entsprechen, in Spottliedern besungen werden.

Mehrere Völkerschaften Afrikas haben so genannte Tonsprachen. Dort wird durch die Stimmlage und die Tonhöhe die unterschiedliche Bedeutung eines Wortes ausgedrückt. Und welche Bedeutung das Rhythmusgefühl hat, sieht jeder, der Afrikanern beim Tanzen zuschaut.

Da die Tänze meist aus kultischen Handlungen, z.B. der Götteranbetung, kommen, werden sie oft von Frauen und Männern getrennt getanzt. Dies hat sich auch bei modernen Tänzen erhalten. Auch bei uns ist dies bei vielen Tänzen üblich geworden, vor allem dort, wo über Amerika oder Afrika selbst afrikanische Elemente enthalten sind (z.B. Reggae) und die Paare zumindest auseinander tanzen, wenn nicht gar solo.

Die Instrumente

Die Instrumente, die die Musik begleiten und die ihr eine besondere Klangfarbe verleihen, sind in ihrer Mannigfaltigkeit in den verschiedenen Gemeinschaften kaum zu übersehen. Es ist nahezu alles zu finden. Verbreitet sind Flöten, Hörner, Klanghölzer, Rasseln, Arm- und Beinschellen, Glocken, zeremonielle Gongs, Zupf- und Streichinstrumente sowie Trommeln verschiedener Art. Diese Instrumente werden meist von den Musikanten selbst hergestellt, wobei man Materialien wie Holz, Fruchtkörper, Tiersehnen, Felle, Pflanzenteile, Bambus u.Ä. verwendet.

Die „Königin“ unter den Instrumenten ist die Trommel, die in vielfältigen Ausführungen und Größen existiert und ursprünglich zur Nachrichtenübermittlung diente. Sie wird entweder mit Trommelschlägeln oder mit der Hand geschlagen. Die Trommel gibt den Rhythmus an, so dass man daran, besonders an der Schlagfrequenz, auch den Anlass des Tanzes erkennen kann.

Häufig sind bei den Tänzern Masken zu bewundern, die ihren Ursprung in traditionellen Zeremonien, Feiern, Festen und Riten haben. Sie verkörpern oft Ahnen oder Geister; können aber auch Tiere symbolisieren. Getragen werden sie in der Regel vor dem Gesicht oder auf dem Kopf.

Der Einfluss Afrikas auf die Weltmusik ist riesig und unerschöpflich. Das beginnt bei den Instrumenten, wie der Gitarre oder den Rhythmusinstrumenten bis hin zum schottischen Dudelsack oder dem Banjo. Aber besonders die europäisch-amerikanische Musik und der Tanz bekamen viele afrikanische Impulse. Das bezieht sich sowohl auf solche Standardtänze wie Tango, Samba, Calypso, Rumba, Cha-Cha oder Mambo als auch Trends der Popularmusik wie Jazz, Rock, Pop, Soul, Punk, Reggae o.Ä.

Vieles hat sich in Afrika bis in die Gegenwart erhalten, wenn auch teilweise neue Elemente aufgenommen worden sind, wie europäische Instrumente, arabische Musik oder Kirchen- und Militärmusik. Aber auch auf dem Gebiet der Musik bemüht man sich, das Alte wieder zu beleben oder weiterzuführen. Viele afrikanische Musikgruppen und Tanzensembles bereisen heute die Welt und zeugen von der urwüchsigen Kraft, der Kreativität und der Vielfalt der afrikanischen Musik und der Tänze, obwohl insgesamt der Einfluss, die Fülle und die Bedeutung der afrikanischen Musik unterbewertet werden.

Alade und Tamedu oder
Das Lied der Papayaflöte

(aus Nigeria)

Es war einmal vor langer, langer Zeit ein Mann, der hieß Alade. Alade lebte in einer kleinen Stadt. Er hatte weder Frau noch Kinder, deshalb wusste auch kaum jemand, wer er eigentlich war und was er so machte. Es gab nur einen Menschen in der Stadt, der ihn wirklich kannte, und das war sein einziger Freund, Tamedu.

Alade und Tamedu waren schon seit langem befreundet und hatten schon so manche frohe Stunde miteinander verbracht. Die Bewohner der Stadt wussten um ihre Freundschaft. Aber sie machten sich auch so ihre Gedanken, und redeten heimlich über Alade, weil er, ein erwachsener Mann, noch immer keine Frau hatte. Diese Tatsache galt es lang und breit zu diskutieren. Außer Tamedu gab es niemanden, mit dem er mehr als das Nötigste besprach. Dies war eine Charaktereigenschaft, die den Leuten seltsam und ein wenig unheimlich erschien.

„Vielleicht sollten wir uns stärker bemühen, sein Vertrauen zu gewinnen. Es wäre doch gelacht, wenn wir dann nicht herausfinden, warum er unbedingt darauf besteht, Junggeselle zu bleiben."

„Nein, ich glaube nicht, dass wir jemals seine Freundschaft gewinnen werden. Er ist ja durchaus nett und freundlich, und nach allem, was man so hört, auch arbeitsam und fleißig; aber eben einfach zu stolz. Habt ihr bemerkt, dass er nie seinen Hut absetzt, nicht einmal vor den Ältesten? Ja selbst vor dem König nicht!"

„Da hast du wohl recht, aber ich glaube, er verheimlicht etwas. Etwas, von dem womöglich nur Tamedu weiß. Und ehe wir nicht alle dieses Geheimnis kennen, wird, was immer wir auch über ihn reden, nichts als Vermutung bleiben."

„Nun gut, aber wie sollen wir es anstellen, dieses Geheimnis herauszufinden?"
„Wenn es womöglich Tamedu weiß, sollten wir es zuerst bei ihm versuchen."
So ging das Gerede über Alade.
Alade wusste, dass die Leute in der Stadt über ihn sprachen, und wartete insgeheim voller Angst auf den Tag, da jemand den Mut aufbringen würde, ihn zu fragen.
Eines Tages kam sein Freund Tamedu ihn besuchen. Weil Alade nichts zu trinken im Hause hatte, wollte er Tamedu auf einen Palmschnaps in das nächste Wirtshaus einladen, aber Tamedu wehrte ab. Er habe etwas Wichtiges und nicht für fremde Ohren Bestimmtes mit seinem Freund zu bereden, sagte er und kniete plötzlich vor Alade auf dem Boden nieder.
„Ich bitte dich, Alade, mein guter Freund, den ich schon so lange kenne und der mich kennt, wenn es mir gut geht und wenn ich traurig bin; bitte sage mir, warum du nie deinen Hut absetzt."
Alade sah Tamedu lange Zeit aufmerksam an und antwortete dann:
„Tamedu, erhebe dich. Noch nie hat das Auf-den-Knien-liegen zu den Regeln unserer Freundschaft gehört. Deine Bitte, die du an mich richtest, habe ich seit langem erwartet. Doch warum hast du auf einmal diese Zweifel, wo es dich doch bisher nicht gekümmert hat, ob ich meinen Hut aufbehalte oder nicht? Hast du dich mit den Klatschmäulern dieser Stadt eingelassen?"
Tamedu, als echter Freund, antwortete wahrheitsgemäß:
„Alade, mein Freund, es ist wahr, dass die Bewohner dieser Stadt viel reden, wenn der Tag lang ist. Doch um die Wahrheit zu sagen und ihnen Gerechtigkeit widerfahren zu lassen, ich kann verstehen, warum diese Leute so neugierig sind. Weil sie sich dein Verhalten nicht erklären können, haben sie mich gebeten, dich zu fragen, warum du nie deinen Hut absetzt, nicht einmal vor dem König. Und warum du noch nicht geheiratet hast, obwohl du doch jede Frau haben könntest, die dein Gefallen findet. Wenn du, der du mein einziger Freund bist, meinst, dass ich es nicht verdiene, dein Geheimnis zu kennen, so behalte es für dich und wir vergessen, dass dieses Gespräch jemals stattgefunden hat. Solltest du jedoch denken, dass ich dir ein wahrer Freund bin, so sage mir wenigstens, was ich tun soll, um mir die neugierigen Stadtbewohner vom Hals zu halten."
Alade saß einige Minuten nachdenklich da. Schließlich seufzte er und sprach:
„Tamedu, es stimmt, was du sagst. Seit ich dich kenne, hast du mir nie Grund gegeben, an deiner Ehrlichkeit zu zweifeln. Und doch habe ich Angst, denn auch der beste Freund kann einmal schwach werden und sein Versprechen vergessen. Aber lass mich dir aus deiner Sorge helfen. Denn solltest du wirklich einmal mein Geheimnis verraten, bist du es, der mit seiner Schwäche leben muss."
Und nachdem er so gesprochen hatte, nahm Alade seinen Hut ab. Tamedu warf einen raschen Blick auf seines Freundes Kopf und war entsetzt. Denn mitten auf Alades Stirn wuchs ein kleines Ziegenhorn.
Alade setzte seinen Hut wieder auf und wandte sich ein wenig resigniert an seinen Freund:
„Nun weißt du es also, Tamedu."
Tamedu wurde so traurig, dass er fast in Tränen ausbrach. Welche Bürde sein Freund da mit sich herumschleppte! Er schämte sich ein wenig für seine Neugier und bat Alade, sich seinetwegen keine Sorgen zu machen.
„Dein Geheimnis ist bei mir so sicher, wie es nur bei einem wahren Freund sein kann, Alade", sprach er. Ich werde es mit niemandem teilen, solange ich lebe."
Später, auf dem Heimweg, hatte Tamedu

in Gedanken immer wieder das kleine Ziegenhorn vor Augen, und das Bild wollte nicht aus dem Kopf, ehe er nach Hause gelangte. Selbst dort ließ es ihm keine Ruhe, und zwar so sehr, dass er den köstlichen Maisbrei, den seine Frau zum Abendessen vorbereitet hatte, nicht einmal anrührte. Seine Frau war beunruhigt, denn das geschah sonst nie.

„Ist irgendetwas nicht in Ordnung, mein Gebieter?“, fragte sie, die ihren Mann noch nie so gesehen hatte.

„Nein, meine Liebe. Ich bin wohl nur erschöpft. Ich werde zu Bett gehen. Morgen früh geht es mir sicher schon viel besser.“

Doch auch im Bett fand er keinen Schlaf. ‘Alade hat ein Horn’, ‘Alade hat ein Horn’, ‘Alade hat ein Horn’ spukte es ihm die ganze Nacht im Kopf herum.

Der folgende Tag war noch schlimmer. ‘Alade hat ein Horn’, ‘Alade hat ein Horn’, ‘Alade hat ein Horn!’ Die Worte dröhnten und schepperten in seinem Kopf. Am Frühstückstisch, auf dem Weg zur Arbeit, bei der Arbeit. ‘Alade hat ein Horn!’, ‘Alade hat ein Horn!’, ‘Alade hat ein Horn!’

Einige Tage vergingen und der Dämon wollte nicht weichen. Tamedu fürchtete verrückt zu werden, wenn er nicht einen Weg fand, sich von diesem Drang zu befreien, seine Last hinauszuschreien, die ihn innerlich auffraß.

‘Wem aber soll ich mich mitteilen, ohne dass das Geheimnis an die Öffentlichkeit gelangt?, dachte er.

Eines nachmittags, als seine Frau und die Kinder seiner Schwiegermutter gerade einen Besuch abstatteten, ging Tamedu auf den Hof hinter seinem Haus und grub ein kleines Loch. Er legte die Lippen an den Rand der Grube und flüsterte: ‘Alade hat ein Horn’, ‘Alade hat ein Horn’, ‘Alade...’. Dann bedeckte er die Stelle wieder mit Erde und ging ins Haus zurück. Sobald das Loch zugeschüttet war, begann er sich besser zu fühlen, und von diesem Tage an verschwand allmählich das Bild des Ziegenhorns aus seinem Gedächtnis. Und mit ihm die Worte, die immer nach außen gedrängt hatten.

Beizeiten vergaß er selbst das Horn und seine Freundschaft mit Alade war ungetrübt.

Eines Tages, nach ruhigen Jahren, in der sich die Stadt nur wenig verändert hatte, war Alade gerade auf dem Heimweg von der Arbeit, da hörte er, wie Kinder auf ihren Flöten ein Lied spielten, und er erschrak darüber zutiefst. Die Kinder lieben dieses Instrument, das sie aus demBlattstängel des Papayabaumes basteln. Anstatt nach Hause zurückzukehren, ging Alade schnurstracks zu Tamedus Haus, um ihn wegen des seltsamen Liedes zur Rede zu stellen.

„So hast du also trotz unserer jahrzehntewährenden Freundschaft mein Geheimnis nicht für dich behalten können, Tamedu,“ sprach Alade, als er seinem Freund endlich allein gegenüber saß.

„Ich schwöre bei Gott, dass ich keiner Menschenseele von deinem Geheimnis erzählt habe, Alade“, entgegnete Tamedu entsetzt.
„Vielleicht solltest du dann mit mir in die Stadt kommen und erklären, warum die Kinder überall dieses neue Lied spielen.“
Tamedu schaute Alade ungläubig an, aber er folgte ihm in die Stadt, und sie liefen von einem Ende der Stadt zum anderen, und überall hörten sie die Kinder dasselbe Lied spielen:
'Alade hat ein Horn!'
'Alade hat ein Horn!'
'Alade hat ein Horn!'
Tamedu trat auf eines der Kinder zu und fragte, von wem es dieses Lied gelernt hätte. Man bräuchte es nicht zu lernen, antwortete der kleine Junge, man müsse nur einen Stängel vom Blatt des Papayabaums pflücken am anderen Ende der Stadt, und hineinblasen.

„Könntest du uns wohl zu dem Papayabaum führen, mein Junge?“, bat ihn Tamedu. Der kleine Junge nahm Tamedu bei der Hand und brachte die beiden Männer bereitwillig zu Tamedus Haus. Auf dem Hof hinter dem Haus zeigte er auf einen Papayabaum, und Alade und Tamedu pflückten jeder ein Blatt. Sie bastelten sich ihre Flöten und begannen zu spielen und das Lied, das aus der Flöte in den Himmel stieg, war 'Alade hat ein Horn!' Alade hat ein Horn!'
'Alade hat ein Horn!'
Der Papayabaum war an derselben Stelle aus dem Boden gesprossen, an der Tamedu vor vielen Jahren Alades Geheimnis der Erde anvertraut hatte.
'Alade hu'wo'
'Alade hu'wo'
'Alade hu'wo' (4)

Möglichkeit der musikalischen Gestaltung

Material: Joghurtbecher, Djembe-Trommel oder andere Trommel
Alter: ab 4 Jahren

Die Kinder sitzen im Kreis um den Erzähler herum. Jedes Kind hat einen großen Joghurtbecher vor sich, der mit dem Boden nach oben als Trommel dient. Der Erzähler hat nach Möglichkeit eine Djembe-Trommel.
Bei allen Sprechstellen *Alade hat ein Horn!* sprechen und trommeln die Kinder mit dem Erzähler im Rhythmus des Sprechens gemeinsam.

Rohrflöten

Die afrikanischen Kinder stellen sich aus verschiedenen Pflanzenhalmen oder Röhren, aus trichterförmig zusammengerollten Blättern, aber auch aus Metallrohren, Flöten her. Die metallenen oder auch hölzernen Flöten (z.B. vom Papaya-Baum) bilden eine Art Kazoo (sprich: kasù), sie werden auf einem Loch quergeblasen und am Ende befindet sich eine Membrane aus Tierhaut.

Querflöte oder Kazoo-Flöte

Material: Papp-Röhre z.B. von Alufolie, Schere, Luftballon, Gummi
Alter: ab 4 Jahren

Auf der Oberseite der Papprohre etwa 5 cm vom Rand entfernt mit der Schere ein Loch einstechen. Einen Luftballon zur Hälfte durchschneiden, dass er als Membrane verwendet werden kann. Diese Membrane über die andere Randöffnung ziehen und mit einem Gummi befestigen. Nun kann mit dem Kazoo gespielt werden: dazu den Mund fest an das Loch auf der Oberseite pressen und stimmhafte Laute hineinblasen (z.B. wie ein Löwe „brüllen“ oder „gurren“ wie eine Taube.)

Bambusflöte

Material: 30 cm Bambusrohr, Handbohrer, kleine Rundfeile, Messer, Sandpapier, rundes Stemmeisen, Hammer, Schraubstock, rundes Holzstück
Alter: ab 7 Jahren (mit Erwachsenen)

Ein Stück Bambusrohr von etwa 30 cm Länge und einem Durchmesser von ca. 1,5 bis 2 cm verwenden, das nach Möglichkeit nur **ein** Verbindungsstück enthält. Als Verbindungsstück wird die Verdickung zwischen den einzelnen Teilstücken eines langen Bambusrohrs bezeichnet.
Zuerst das ausgewählte Stück Bambusrohr senkrecht in den Schraubstock spannen und mit dem Stemmeisen und Hammer das Verbindungsstück herausstoßen.
In die unteren 15 cm etwa sechs Löcher einbohren (Handbohrer, Rundfeile). Auf der Oberseite 2 cm vom oberen Rand das Loch mit der Schneidekante herausarbeiten (1 cm lang, oben 6 mm breit, unten 11 mm breit) - erst anzeichnen, dann mit dem Messer herausschneiden (ERWACHSENER).
Die „offene“ Seite der Schneidekante etwas abflachen über die 1 cm Länge hinaus für den Luftstrom. Anschließend wird der Schnabel, in den hineingeblasen wird, im 45∞-Winkel in Richtung Rücken der Flöte weggeschnitten.
Nun feilt und schneidet man ein rundes Holzstück von 1,8 cm Länge so zurecht, dass es als Pflock in den Schnabel geklopft werden kann.

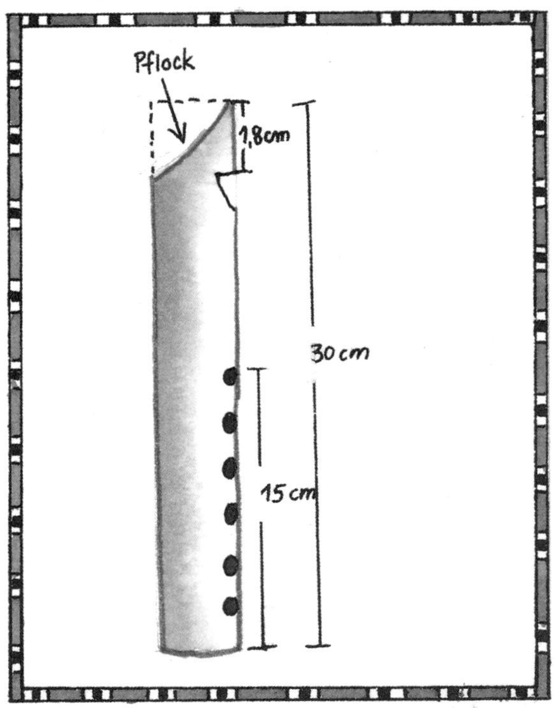

Geresiya
(Shona, Zimbabwe)

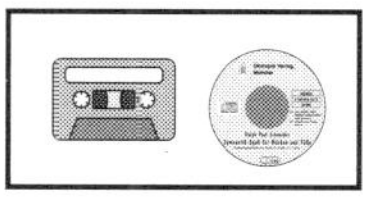

In Zimbabwe, im Süden Afrikas, singen die Kinder der Shona ein Lied über das Mädchen Geresiya. Sie lebt oben auf dem Berg bei Pflegeeltern. Alle Leute aus dem Dorf, Kinder und Erwachsene mögen sie sehr. Sie ist wie ein Vogel der frei durch die Lüfte fliegt. Wenn die Mädchen das Lied gemeinsam singen, ahmen sie die Flugbewegungen der Vögel nach. Sie lassen die Arme auf und ab gleiten und tanzen im Kreis miteinander.

Geresiya - Yee
Geresiya - Yee
Geresiya kaschiri kamudenga - Yee

Zinzwa heree m´sikana
Moroyiko, morokiyo, morokiyo

Geresiya - Yee...

Zinzwa heree m´sikana
Tuno kuda iwee, tuno kuda iwee,
Tuno kuda iwee

Geresiya - Yee...

Geresiya - Yee
Geresiya - Yee
Geresiya flieg wie ein Vogel im Wind

Grüß dich Marisa
Wie geht es dir, Wie geht es dir, wie geht es dir

Geresiya - Yee

Grüß dich Kabiru
Komm spiel mit mir, komm spiel mit mir
Komm spiel mit mir

Geresiya - Yee

Gestaltung

Um das Lied für die Kinder zu beleben, können Holzbausteinchen als Vogelschnabel-Klappern eingesetzt werden. Dazu wird in jeder Hand ein rechteckiges Bausteinchen gehalten und mit den flachen Seiten aufeinander ge"klappert".
Die tiefste Saite der Leier, die den Basston darstellt, kann durch gleichmäßiges Zupfen den Auf- und Niederflug des Vogels nachahmen.
Mit der Rohrflöte bzw. dem Kazoo sind leicht Vogelstimmen zu imitieren.
Außerdem können die Flugbewegungen der Vögel mit den Armen pantomimisch dargestellt werden.

Trommeln - in allen Größen

Die Trommel ist die „Königin" unter den afrikanischen Instrumenten, vor allem die Fell- und Tierhaut-Membran-Trommel. Am häufigsten hat sie die Form eines Bechers, eines Kelches, oder auch eines Kessels.

Material: Packpapier oder Elefantenhaut, Wasser, Gummiband, Schere, kleine Blumentöpfe aus Ton, größere Terrakottatöpfe, alter Kochkessel für Wäsche aus Omas Zeiten, Regentonne, Keramikkaltfarbe*, Pinsel, Waschmitteltrommel, Luftballons, Lederlappen
Alter: ab 3 Jahren

Die unterschiedlich großen Terrakottablumentöpfe können vorher mit Keramikkaltfarbe bunt bemalt werden. Packpapier oder Elefantenhaut so zuschneiden, dass es als Membrane über die „Trommeln" gelegt werden kann. Das Papier durch Wasser ziehen, glatt über die offenen Rundungen der Trommel-Töpfe spannen und mit Gummiband befestigen. Auch Luftballons, die etwa zur Hälfte abgeschnitten werden, können als Trommelfell dienen. Den Lederlappen ebenfalls erst nässen, dann eine Trommel damit bespannen. Die Waschmitteltrommel kann auch beklebt und bemalt werden.
Werden die Trommeln der Größe nach aufgestellt, kann man die Abstufung der Klänge gut unterscheiden.

Spielanregung

Die Hände (abwechselnd linke Hand/ rechte Hand) auf den Rand der Trommel tupfen lassen - immer wenn der Klang der einen Trommel verhallt ist, beginnt die nächste Trommel (siehe auch Trommelkurs S. 71).
Variante für die Kesseltrommel: Über die Öffnung des Waschkessels (auch ein Kupferkessel geht) durchnässtes Packpapier legen, glatt streichen, mit Gummiband befestigen und trocknen lassen. Mit einer Kerze zwei Wachstropfen auf das Trommelfell bringen. Mit einem Schlägel (gebogenes Holzstück, draußen suchen) abwechselnd auf das Fell und auf die Wachsstellen klopfen. Die Töne „sprechen" höher oder tiefer, wie unsere Stimme. Das ist der Grund, warum die Trommel auch Geschichten erzählen kann.

Trommelkurs

Material: Trommeln
Alter: ab 4 Jahren

Die Trommel im Sitzen zwischen die Oberschenkel klemmen. Eine größere Trommel auf die Erde aufsetzen und etwas ankippen. Es gibt eine senkrecht gedachte Mitte auf dem Trommelfell. Die linke Seite ist stets für die linke Hand, die rechte Seite für die rechte (bei SLAP und TON). SLAP und TON werden am Außenrand geklopft: bei SLAP berühren die Hände mit der Innenfläche der Finger kurz über dem Handteller nacheinander den Trommelfellrand, bei TON ist es genau der Ansatz des Handtellers, der den Trommelfellrand berührt.
Klopft man mit der flachen Hand in die Mitte des Trommelfells (wird als BASS bezeichnet; kann links- oder rechtshändig ausgeführt werden), so liegt diese Hand auf der gedachten Mittellinie in der Mitte des Trommelfells. (Spielweise aus Senegal)

- **SLAP oder TON:** linke und rechte Hand immer abwechselnd an den Außenrand des Trommelfells schlagen, immer schneller werden; zuerst evtl. links/rechts SLAP, dann links/rechts TON .

Frage: Was könnte die immer schneller werdende Trommel erzählen? (z.B. „Gefahr kommt".)

- **BASS:** linke und rechte Handfläche klopfen in die Mitte des Trommelfells, abwechselnd.

Frage: Wie fühle ich mich dabei? („ruhig")

- **Übung:** Außer den vorgegebenen Varianten alles Machbare ausprobieren lassen, z.B. mit Knöcheln der Finger klopfen, mit Fingerspitzen trippeln, an den Holzbauch der Trommel schlagen usw. usf. - alles ist erlaubt.(5)

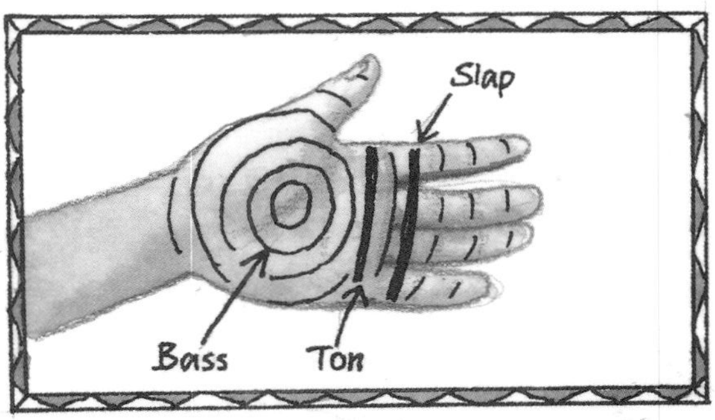

Hier ein mögliches Beispiel:
R = rechte Hand L = linke Hand

R	L	R	L	R	L	R	L	R	L	R	L	R	L	R
slap	slap	bass	Pause	slap	slap	bass	Pause	slap	slap	bass	Pause	slap	slap	bass
kurz	kurz	l a n g		kurz	kurz	l a n g		kurz	kurz	l a n g		kurz	kurz	l a n g

Die Sprechsilben „kurz" und „lang" vereinfachen den Rhythmus.
Zuerst versucht man es nur mit sprechen, dann mit sprechen und trommeln zusammen und zum Schluss nur mit trommeln.

Daumenklavier

Das Daumenklavier wird ausschließlich mit den Daumennägeln gespielt. Daher hat es auch seinen Namen. Die Afrikaner bauen dieses Instrument, indem sie auf einen Holzkorpus Metallstäbe in unterschiedlicher Länge befestigen.

Material: leerer Sanella-Becher (da aus Kunsstoff!) ohne Deckel, Handbohrer, Plastikstäbchen (von Wattestäbchen, von Stieleis)
Alter: ab 5 Jahren

Den Sanella-Becher mit der offenen Seite nach unten stellen. In den jetzt oben liegenden Boden vier Löcher mit dem Handbohrer bohren: vom linken und rechten Seitenrand jeweils 2,3 cm entfernt, vom vorderen Rand jeweils zwei und vier Zentimeter. Durch die beiden vertikal liegenden Löcher werden die Stäbchen (ohne Watte) gezogen, so dass das Ende der Stäbchen oben heraussteht. Werden sie weiter vor- oder zurückgeschoben und mit den Daumennägeln nach unten gezupft, erklingt ein tieferer oder höherer Ton.
Das Daumenklavier wird so eingestellt, dass zwei Töne entstehen, die zueinander passen.

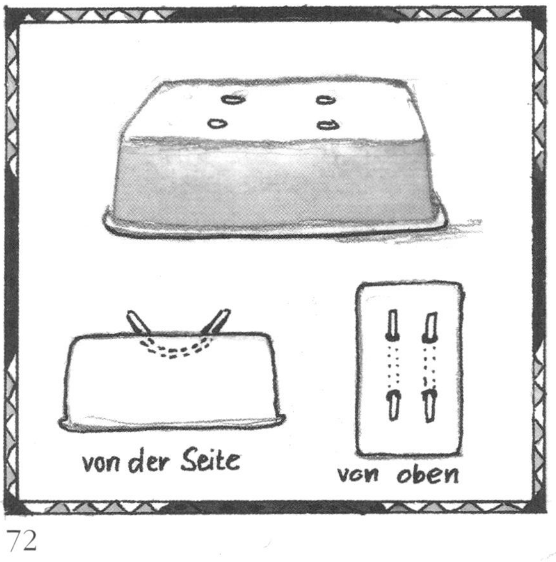

Variante für Kleinere

Material: 2 Getränkedosen, Wasser, Sand, Löffel
Alter: ab 3 Jahren

In eine Trinkbüchse Wasser füllen und in die andere Sand. So viel einfüllen, dass beim Zupfen der offen stehenden Metallschlaufen, mit denen man die Büchse öffnet, unterschiedliche Töne entstehen. Die kleineren Kinder halten mit der linken Hand die Büchse fest, während sie mit der rechten zupfen. Noch kein gleichzeitiges Links-Rechts-Spiel.

Ilimba
(Wagogo, Tanzania)

Jedes Kind kennt ein Klavier. Aber wer hat schon einmal ein Daumenklavier gesehen oder gehört? Es ist ein Instrument, das es nur in Afrika gibt. Es ist viel kleiner als ein Klavier, es klingt ganz anders. Das Daumenklavier ist eine kleine Schachtel mit Metallzungen, die mit den Daumen angezupft werden. Da sich die Musik, die auf dem Daumenklavier gespielt wird besonders gut zum Wandern oder Gehen eignet, können im Rhythmus mit den Füßen Trappgeräusche vollführt werden. eine Begleitung mit den selbstgebauten Instrumenten ist ebenfalls möglich. Bei dem Musikstück „Ilimba", das auf der CD oder der Cassette zu hören ist, ist das Daumenklavier so gestimmt, wie es die Wagogo in Tanzania tun.

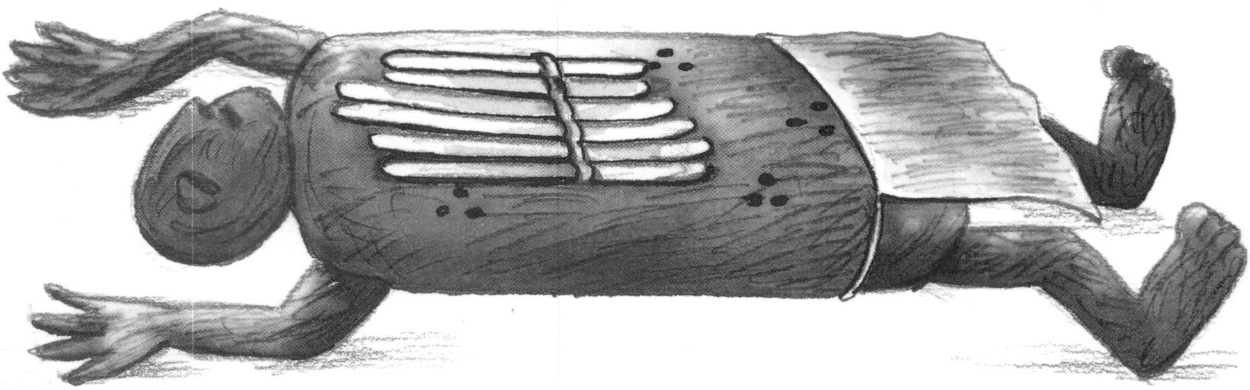

Rasseln

Die Originalrasseln werden aus kleinen Kürbissen oder als Netzrasseln aus geflochtenen Blättern oder Pflanzenstängeln hergestellt.

Material: Kokosnuss, Kleber, Steinchen, Säge, Getränkedosen, Messer, Schere, Paketklebeband, Reis, engmaschiges Einkaufsnetz, kleine Bälle mit Glöckchen im Innern
Alter: ab 3 Jahren

Kokosnuss-Rassel

Die Kokosnuss im Schraubstock aufsägen (ERWACHSENER), die Milch vorsichtig abgießen und die Nussschicht entfernen. Einige Steinchen in eine Hälfte legen. Anschließend mittels Kleber beide Hälften wieder zusammenfügen.

Getränkedosen-Rassel

In die Dose Reis füllen. Mit Paketklebeband die Öffnung fest verschließen. Wer einen Stiel an der Rassel möchte, sucht einen Stock, der etwas dicker ist als die Öffnung. Statt zuzukleben, wird der Stock fest in die Öffnung hinein gepresst.

Netzrassel

In ein Einkaufsnetz Bälle legen, die innen kleine Glöckchen haben. Fertig ist die Rassel.

Leier

Die Leier ist mit hoher Wahrscheinlichkeit 1500 v. Chr. von den Sumerern ausgehend in die afrikanischen Regionen gelangt. Sie kommt allerdings ausschließlich in Ost- und Nordostafrika vor. Sie hat trotz Abwandlung immer die gleiche Grundkonstruktion: einen schalen- oder kastenförmigen Korpus aus Holz oder anderen Materialien, der mit einer Membran aus Rinder-, Antilopen- oder anderer Haut bespannt ist, sowie zwei Jochstangen und oft einen Steg mit Saiten aus Darmschnur oder Tiersehnen.

Bei einigen wenigen Völkern werden die Leiern mit Vogelfedern, Glöckchen, Kaurimuscheln, Ziegenhaar, Amuletten und bunten Stoffstückchen geschmückt.

Die Leier ist bei den Amharen ein feierliches Instrument, aber auch eines, das die Menschen schlecht beeinflusst, weil es „irdisch" ist. In der Luo-Gesellschaft hingegen gilt die Leier als Glück bringend. Die Leier wird zu vielen Anlässen gespielt.

Material: großer Plastebecher von etwa 25 - 30 cm Durchmesser, Feuerhaken (Schraubenzieher o.Ä), 55 bis 70 cm lange Holzstäbe oder glatte unbiegsame Stöcke, breites Klebeband, Schnur, Angelsehne, kleine Stoffstreifen, Lederlappen, Tackergerät, Handbohrer, Bunsenbrenner
Alter: ab 7 Jahren (mit Erwachsenen)

In das große Plastegefäß an zwei Stellen mit dem heißen Feuerhaken od. Schraubenzieher (VORSICHT - ERWACHSENER) Löcher brennen, so dass die Holzstäbe in V-Form eingesteckt werden können. Eventuell die Stäbe an den Lochaustrittsstellen mit Klebeband befestigen.

Am oberen Ende der Stäbe einen Querstab mittels Schnur an den Verbindungsstellen festwickeln. Dort, wo sich die V-Stäbe unten treffen, mit dem Handbohrer zwei nebeneinander liegende Löcher am Gefäßrand bohren und fünf Angelsehnenenden in ihnen verknoten.

Den Lederlappen anfeuchten und über die Öffnung des Plastegefässes spannen und festtackern.

Wenn die Lederlappen-Membran getrocknet ist, die vorher eingeknoteten Sehnen von unten aufnehmen und über den oberen Querstab spannen. Wickelt man kleine Stoffstückchen ein, halten die Sehnen fester. Im unteren Drittel zwischen Membran und Sehnen ein Stückchen Holz als Steg schieben. Perlen, Federn, Knöpfe, Muscheln usw. können die Leier schmücken.

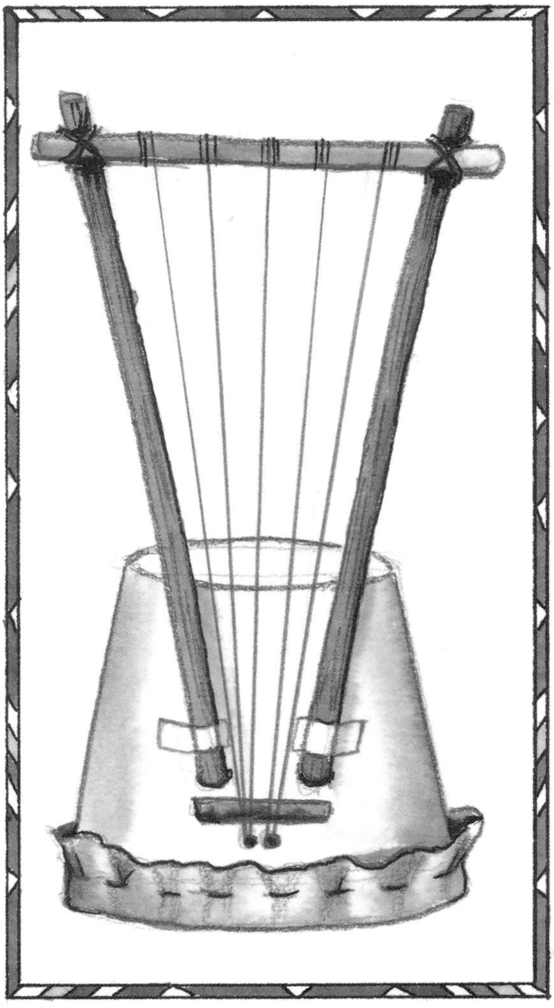

Ob der Rabe auf dem Dach (Amhara, Äthiopien)

Die Leier hat viele verschiedene Namen in Afrika. Bei den Amharen in Äthiopien heißt sie Krar. Manchmal spielen schon Kinder auf diesem Instrument, zum Beispiel begleiten sie das folgende Lied:

„Ete Mete, nach Zitronen riechst du
Was rief der Mann Gestern Abend dir zu"

„Ach, nichts, nichts weiter, hör zu und sei still,
Nichts weiter, nur dass er mich heiraten will."

„Er wird dich nicht nehmen, er hat es geschworen,
bei seinem Schild und beim Schwert geschworen."

„Der Schwur eines Mannes ist schnell gesprochen
genau so schnell ist er wieder gebrochen."

Ob der Rabe auf dem Dach	ja auf dem Dach
Gekommen ist um mich zu sehn	um mich zu sehn
Ob ich fliege übern Bach	ja übern Bach
Mir Flügel wachsen die sich drehn	ja die sich drehn
Den Durst lösch ich mir mit nem Stein	ja mit nem Stein
Mit Löwen ess im Sonnenschein	im Sonnenschein
Doch mein Herz ist wie ein Fels	ja wie ein Fels
Komm ich von dem Fels herunter	Fels herunter
Wird grad die Hyäne munter	Hyäne munter
Die übern toten Esel weint	den Esel weint
Ihm süße Liebeslieder schreibt	ja Lieder schreibt
Hochzeit feiern für die Maus	ja für die Maus
Die Schlange führt um Tanz sie aus	zum Tanz sie aus

„Ete Mete ye lomi schita
Ya seweye men alesch mata"

„Menem, menem, menem, alaleng
Tedarun feto lewsedisch aleng"

„Aywesdeschim tedarun feto
Melolingyal gascha tor meso"

„Mala, mala yegobes mala
Fut yelatal endegusch tella"

Spielmöglichkeit:

Der Korpus liegt zwischen oder auf den Oberschenkeln. Die Membran zeigt zum Körper. Die linke Hand wird flach von hinten an die Saiten gelegt, die rechte fährt mit dem Daumennagel oder einem Plektrum ständig über alle Saiten. Wenn die linke Hand einen Finger von der Saite löst, erklingt ein anderer Ton. Die abgedämpften Saiten hingegen sind wie ein dumpfer Grundrhythmus.
Entgegen dieser älteren Spielvariante kann die Leier auch wie eine Harfe zum Klingen gebracht werden.

„Kebete belay kura sefro	kura sefro
Yeletschim belo hedo bero	hedo bero
Enen yabereng yakenfengye	yakenfenye
Ye zehon amot yastetanye	yastetanye
ye zehon amot meraranew	meraranou
Ye gobes lebu terara new	terara nou
Terara heje semellesse	semellesse
Ahiya moto jib siyalekse	jib siyalekse
Konitscha mota sikedesse	sikedesse
Ayet lessergwa sidegesse	sidegesse
Ebab angetun sinekesse	sinekesse“

Gestaltung

Ob der Rabe auf dem Dach ist ein Abklatschlied. Die Melodie beginnt mit einem Auftakt. Zwei Kinder stehen sich gegenüber und klatschen zuerst auf die 3, den Auftakt, und die 1 des 3/8 Taktes in ihre eigenen Hände. Auf die 2 jeweils linke gegen rechte Hand, im nächsten Takt rechte gegen linke Hand des gegenüberstehenden Kindes bis zum Ende des ersten Teil des Liedes. Beim zweiten, dem schnellen Teil, die ersten drei Achtel in die eigenen Hände, dann beide Hände gegen beide des gegenüber stehenden Kindes, wieder in die eigenen Hände, dann rechts gegen links, in die eigenen Hände, links gegen rechts, und von vorne beginnen.
Im Lied geschieht also ein Wechsel im Takt von 3/8 in 4/4.

Kreistanz (Tigre, Eritrea)

Dieser Tanz wird bei vielen Gelegenheiten von Kindern und Erwachsenen gemeinsam aufgeführt, bei Festen, Feiern und einfachen Zusammenkünften.

Material: Leier, Trommel
Alter: ab 3 Jahren

Alle Kinder stellen sich seitlich im Kreis auf. Jedes Kind steht so, dass es auf den Rücken des vor ihm stehenden Tänzers schaut. Im Rhythmus der Leier, der Trommel und des Klatschens einer Musikgruppe, die nicht mittanzt, bewegen sich die Kinder: die angewinkelten Arme und wippenden Schultern unterstützen die Beinbewegungen: rechtes Bein wie beim Gehen etwas hochwinkeln und ein Stückchen vorsetzen, dann von der Ferse zu den Zehen abrollen. Das Gleiche mit dem linken Fuß. Dann wieder rechter Fuß usw.
Auf ein Zeichen wird das Gleiche rückwärts getanzt. Der ganze Kreis tanzt völlig synchron.

Typische Bewegungen beim Tanz

Die Erdgöttin spielt im Leben vieler Afrikaner eine große Rolle, ihr opfern sie, ihr bauen sie Schreine, ihr stellen sie Fragen in schwierigen Situationen. Zur Erde will jeder eine enge Verbindung behalten und der Tanz zeigt durch die Stampfbewegung der Füße vor allem die Erdverbundenheit. Der Körper bewegt sich dabei locker und leicht.

Material: evtl. Trommeln
Alter: ab 3 Jahren

1. Mit dem Kopf wackeln nach links und nach rechts
2. Schultern auf und ab ziehen
3. Arme anwinkeln und nach vorn und hinten zucken
4. Becken auf und ab ziehen
5. Mit dem einen Fuß zweimal aufstampfen, dann mit dem anderen Fuß zweimal aufstampfen

Zuerst jede der Bewegungen einzeln ausführen. Dann mehrere Bewegungen miteinander verbinden, z.B. „mit dem Kopf wackeln", „Schultern auf und ab ziehen" und „Arme anwinkeln und zucken". Zum Schluss alle fünf Bewegungsarten zusammen ausführen, bis der Körper leicht ist und die Füße tief in die Erde dringen wollen.
Gleichmäßiger Trommelschlag im Sekundentempo unterstützt die Tanzbewegungen. Die Trommeln werden von Nicht-Tanzenden geschlagen. Das Tempo kann auch erhöht werden.
Erweiterung: Zu den Trommeln können die selbst gebauten Instrumente wie Rassel und Daumenklavier eingesetzt werden. Eine Gruppe spielt die Instrumente, die andere tanzt.

Besonders geeignet, die Bewegungen auszuprobieren, ist der *Usambara Tanz* aus Tanzania.

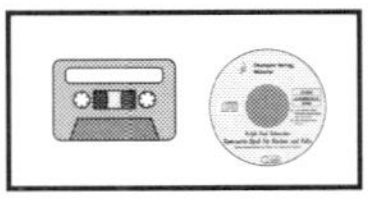

Traditionelle Sitten, Rituale und Gebräuche

Ein bedeutsamer Bestandteil der Lebensweise der Bevölkerung Afrikas besteht in Sitten, Gebräuchen und Ritualen, die aus der Tradition erwachsen sind. Diese Traditionen sind äußerst mannigfaltig, wobei - wie schon erwähnt - solche existieren, die sehr weit verbreitet sind und sich ähneln, während andere lokale und ethnische Spezifika aufweisen.

Feste und Feiern

Sehr groß und bunt ist die Zahl der Feste, die gefeiert werden und die oftmals mit bestimmten Riten und Gebräuchen verbunden sind. Sie kommen und gehen und sind dem Natur- und Lebensrhythmus angepasst sowie vom jeweiligen Weltbild geprägt. Da sind die Feste, die mit dem Kreislauf der Natur direkt zu tun haben. Es werden Feste für den Regen, die Fruchtbarkeit und die Aussaat gefeiert. Vor allem sind es aber die Erntefeste, bei denen sich die Ackerbauern bei den Ahnen, Geistern oder Göttern mit Opfergaben oder anderen rituellen Formen für die geborgenen Früchte bedanken.

Für den Jahreswechsel gibt es auch spezifische Feste. Auf der Insel Sansibar wird es als Makaakutwa-Fest Ende Juli im Ort Makuntuji gefeiert. Dabei kommen Gruppen von Jugendlichen aus den vier Himmelsrichtungen aufeinander zu und schlagen sich mit Bananenstöcken, um die Probleme des alten Jahres auszutreiben und die folgenden zwölf Monate friedvoll zu verbringen. Früher wurden harte, feste Stöcke und sogar Eisenketten benutzt, wobei es viele Verletzte gab. Am Ende wird ein aus Holz, Gras u.Ä. aufgeschichteter Haufen angezündet, der eine symbolische Hütte darstellt. Damit sollen die Hütten im kommenden Jahr vor Feuer geschützt werden.

In einer Zeit, als Kriege mit benachbarten Völkern und die Jagd noch eine große Rolle spielten, entstanden Feste, die mit diesen wichtigen Ereignissen der Lebenserhaltung und Eroberung sowie der Nahrungsgewinnung in Zusammenhang stehen. Man bereitete sich intensiv darauf vor, flehte die Ahnen und Götter um Schutz, Hilfe und reiche Beute an und feierte die Siege über die Feinde oder die Natur in großem Stil.

Noch vielfältiger sind die Feste, die aus Anlass bestimmter Einschnitte im Lebensablauf gefeiert werden. Das betrifft z.B. die Geburt eines Kindes, die Initiation oder die Hochzeit, ebenso natürlich das Ableben eines Familien- oder Dorfmitgliedes. Bei der Initiation, die mit dem Eintreten in die Pubertät erfolgt, werden die Kinder im entsprechenden Alter zusammengefasst und außerhalb der Gemeinschaft von bestimmten Personen auf ihre Aufgaben als Erwachsene vorbereitet. Kehren sie zurück, haben sie oft andere Namen und tragen Tätowierungen. Dieses Ereignis wird feierlich begangen, wobei die jungen Männer oft bei Kampfspielen ihren Mut beweisen.

Die Heiratsbräuche

Die Männer heirateten meist in höherem Alter, da sie erst die materiellen Grundlagen, z.B. für den Hausbau, schaffen mussten, während bei den Mädchen die Initiation häufig den ersten Teil der Hochzeit bildete. Eine der wesentlichen Voraussetzungen für die Heirat, die die Männer schaffen mussten, war der Brautpreis. Da die junge Frau zu ihrem Mann zog, ging ihrer Familie eine Arbeitskraft verloren. Um dies auszugleichen, arbeitete der junge Mann zeitweise bei der Familie seiner Frau. Günstiger für ihn war jedoch, wenn er dies mit Geschenken, wie Haustieren, ausgleichen konnte. Daraus entwickelte sich der Brautpreis, der mittlerweile beträchtliche Höhen erreicht hat, natürlich auch in Abhängigkeit vom Alter und Aussehen der Frau sowie Reichtum und Ansehen ihrer Familie.

Wen wundert es da, dass reiche Männer, auch oder vor allem wenn sie älter sind, sich mehrere Frauen, und immer jüngere, finanziell leisten konnten, die dann wiederum durch ihre Arbeitskraft den Reichtum vermehrten. Das Heiraten mehrerer Frauen war und ist in Afrika - wenn es die Religion erlaubt - möglich, vor allem in islamischen Kreisen, aber nicht nur dort. Dies wird Polygamie genannt. Sie ist aber bedeutend weniger verbreitet, als man in Europa gemeinhin behauptet. In den meisten Ländern ist sie mittlerweile offiziell verboten, wird aber dennoch praktiziert. Wenn die reicheren Männer mehrere Frauen haben, ist in einer kleinen Gemeinschaft wie dem Dorf das Geschlechterverhältnis gestört. Die jungen Männer haben deshalb teilweise Probleme, eine Frau zu bekommen, da sie finanziell nicht mithalten können. Dies ist auch ein Grund für die Abwanderung in die Plantagen- oder Bergbaugebiete sowie in die Städte, um dort Geld zu verdienen.

Der Medizinmann

Zur Tradition gehören auch Dorfmitglieder, die im Allgemeinen als Medizinmänner, Schamanen, Griots oder Barden bezeichnet werden. Die Griots und Barden sind es in erster Linie, die den unermesslichen Schatz an mündlichen Überlieferungen, Epen, Märchen und Sprichwörtern weitergaben, so dass viele bis heute erhalten blieben. Damit wurden sowohl das mythische Weltbild, bis hin zu einer Schöpfungsgeschichte, der Ahnenkult, Lebensweisheiten und Wertvorstellungen bewahrt und weitergegeben als auch historische Ereignisse und große Taten von Königen und Häuptlingen besungen und gewürdigt. Oft ist dies die einzige Quelle für die Geschichte und es wird heute versucht, sie in schriftlicher Form festzuhalten.
Die Schamanen oder Medizinmänner waren in Europa immer geheimnisumwittert. Dies resultierte aus den Fetischen, Wahrsagungen und Krankheitsbeschwörungen. Das war aber völlig natürlich, denn die Menschen meinten, dass sie von Geistern und Ahnen beeinflusst werden. Dabei waren die Medizinmänner die Mittler zwischen den Menschen und den Geistern und Ahnen, die sie positiv beeinflussen sollten und deren Schutz und Fürsorge sie wollten. Letzten Endes waren die Medizinmänner erfahrene Naturheilkundige und Pharmazeuten, die durch Weitergabe ihr Wissen bewahrten. Sie konnten so vielen Menschen physisch und psychisch helfen, da sie aus dem großen Garten der Natur schöpften, d.h. meist aus Kräutern. Bei in Afrika vorkommenden Krankheiten waren sie der modernen Pharmazie ebenbürtig oder sogar überlegen. Nicht erfolgreich dagegen konnten sie gegen Krankheiten sein, die erst von den Europäern eingeschleppt wurden, wie z.B. Erkältungs- oder Geschlechtskrankheiten, die sich deshalb in Afrika besonders weit verbreiten konnten.
Viele der hier genannten Rituale, Sitten und Gebräuche existieren heute nicht mehr in ihrer reinen Form, sondern verändert. Manche sind ganz am Absterben. Es ist deshalb wichtig, dass in den afrikanischen Staaten, bei allen Schwierigkeiten, Anstrengungen unternommen werden, dieses Kulturgut zu erhalten.

Waffen und Rituale bei der Jagd

Niemand bekommt das Vorderbein eines Tieres, der nicht auch um das Hinterbein kämpft. (Sprichwort aus Benin)

Die Erfindung des Pfeilgiftes

(Eine Sage der Masai)

Alter: ab 5 Jahren

"Eine arme Witwe, die niemand zu sich nehmen und ernähren wollte, durchstreifte täglich Steppe und Busch, um sich kümmerlich mit Beeren, Baumrinden und Wurzeln zu sättigen. Eines Tages kaute sie ein kleines Stückchen Rinde, welches sich durch sehr schlechten Geschmack auszeichnete. Bald darnach stellte sich Erbrechen ein, so heftig, daß sie einige Tage krank war. Sie dachte: 'Wahrscheinlich wäre ich gestorben, hätte ich noch mehr davon gegessen; da ich kein Wild jagen kann, kann ich es vielleicht hiermit töten'.
Als sie wieder gesund war, ging sie mit ihrem Topf an eine Stelle der Steppe, wo in einem Felsbecken Wasser war, zu dem das Wild tränken kam. Hier kochte sie mehrere Tage hintereinander das Holz jenes Giftstrauches aus und goß die Brühe immer in den kleinen Tümpel. Endlich eines Morgens fand sie in der Nähe desselben zehn tote Büffel liegen. Sie lief ins Lager, um Leute zu holen, damit diese das Fleisch nach Hause tragen sollten.
Als sie die toten Büffel sahen, konnten sie nicht begreifen, wie es möglich gewesen war, so viele auf einmal zu töten. Da erzählte ihnen die Frau, wie sie es vollbracht hatte, und nun priesen sie sie als die beste und klügste der Frauen und jeder wollte sie heiraten. Nachdem ihnen die Frau die Bereitung des Giftes gezeigt hatte, fertigten sie sich solches und bestrichen damit die Jagdpfeile."

Blasrohr

Das Blasrohr wird heute nur noch selten verwendet. Früher wurde ein hohler Pflanzenstiel aus Rotangpalmen als Blasrohr für die Jagd benutzt. In diesen Pflanzenstiel wurden Pfeilspitzen mit dem Gift des Scorpions, des Hundertfüßers oder der Papierwespe geschoben, um sie dann mit einem Luftstoß auf das Opfer zu schießen.
Das Geheimnis der Zubereitung war meist im Besitz des Medizinmannes. Er zerhackte die giftigen Teile der Tiere oder Pflanzen und kochte sie viele Stunden im Wasser. Dann nahm er die Teile heraus und kochte den Absud so lange, bis eine dicke Masse entstand. Dieser Masse wurde der klebrige, kautschukartige Saft der Euphorbie beigegeben, damit das Gift nicht austrocknete, bröckelte, oder bei Hitze zerfloss. Die so entstandene Substanz wurde an die Pfeilspitze geklebt.

Material: großes weißes Blatt Papier, hohler Pflanzenstängel, Watte, Fingermalfarben, Stricknadel, Säge
Alter: ab 4 Jahren (mit Erwachsenen)

Das große weiße Blatt an einer Wand befestigen. Von Forsythien Stängel schneiden, etwa 12 cm lang, und das weiche Innenfleisch mit einer Stricknadel herausstochern. Man kann auch ein dünnes Bambusrohrstöckchen nehmen, bei dem links und rechts die Verdickung bzw. das Verbindungsstück abgesägt wird (ERWACHSENER).

Die Fingermalfarben in Schälchen füllen. Die Watte in kleine Stücke reißen, in die Malfarbe tauchen und vorne ins Blasrohr stecken. Dann auf das Blatt zielen und blasen. Es werden lauter bunte Punkte und Flecke entstehen.
Aus der entstandenen Form kann mit etwas Fantasie eine Figur oder ein Tier erraten werden.

Anschleichen bei der Jagd

Ob die Pygmäen nach Pinselohrschweinen suchen oder die Männer anderer Völkerschaften auf Elefanten- oder gar auf Löwenjagd gehen: sie schleichen sich an, ohne dabei ein Knackgeräusch zu verursachen. Das Jagdglück hängt von ihrem Geschick und ihrer Achtsamkeit ab.

Material: Zweige, Blätter, Rinde, Gras, Steine, Äste, Bohnen, Samen, Sand usw.
Alter: ab 4 Jahren

Für das Spiel wird eine 90 x 210 cm große Fläche in 30 x 30 cm große Quadrate aufgeteilt. Jedes Quadrat wird mit einem anderen Material ausgelegt: mit Laub, Gras, Rinde, Samen, Watte usw.
Nun stellen sich die Kinder in einer Riege an der Schmalseite der Kästchen auf. Es gilt, die andere Seite über die Kästchen zu erreichen ohne dabei ein Knackgeräusch zu verursachen. Jedes Kind ist einzeln an der Reihe und darf sich seinen Weg beliebig wählen. Wer es allerdings „knacken" lässt, stellt sich wieder hinten an und versucht es erneut!

Speer

Die Masai-Männer sind schon von weitem an ihrem langen roten Umhang und dem Speer zu erkennen. Die jungen Masai genossen früher erst Hochachtung und volle Anerkennung, wenn sie mit ihrem Speer einen Löwen getötet hatten.

Material: lange Papprolle (vom Geschenkpapier), Federball, Knete und Läppchen, Alleskleber
Alter: ab 4 Jahren

In das Körbchen des Federballs bis zur Hälfte kleine Stoffstückchen mit Knete vermengt füllen. An die restliche Wand des Federballkörbchens Kleber auftragen. Den Federball auf ein Ende der langen Papprolle schieben, andrücken und härten lassen.
Wer wirft den Speer am weitesten?

Trumbasch, Wurfholz

Der Trumbasch und das Wurfholz, beides eine Art Bumerang, waren neben der Lanze die gebräuchlichsten Waffen der Niamniam in Ostafrika. Sie wurden zum Erlegen von Wildgeflügel, Hasen und anderen kleinen vierbeinigen Tieren benutzt.
Der Trumbasch wurde aus Eisen hergestellt, das Wurfholz aus Holz.

Material: winkliges Holzstück
Alter: ab 4 Jahren

Ein winkliges Holzstück suchen und ausprobieren, welche Flugeigenschaften es hat.
Nun einen Reifen mit einem Seil an einem Ast aufhängen.
Anschließend probieren alle, das Holz durch den Reifen zu werfen.

Jagdbogen – Musikbogen

Den Jagdbogen verwenden einige Völkerschaften auch gleichzeitig als Musikbogen.
Die Bogenstange ist meist aus dem Ast eines Baumes geschnitten oder aus einem Bambusrohr. Als Saiten werden Rückensehnenfasern vom Rind oder solche aus fein gedrehter Tierhaut benutzt. Bei den Zulus z.B. dienen Kuhschwanzhaare als Saiten. Auch Sisalfasern oder einfach Nylon oder Draht sind gebräuchlich. Damit der Ton der gezupften Saite lauter klingt, werden als resonanzverstärkender Hohlkörper der eigene Mund (Mundbogen), Kalebassen, Schüsseln aus Ton o.Ä. benutzt.
Bei den Kakwa an der Grenze zwischen Uganda und Zaire musizieren vor allem die Kinder auf diesen Bögen.

Material: ein leicht gekrümmtes, daumendickes Aststück (etwa 1m lang); Messer, Nylonsehne (1,20 m lang), Kochtopf, Luftballon, Raspel, Holzstöckchen, Reis, Tischtennisball, Schraubenzieher
Alter: ab 4 Jahren (in altersgemischten Gruppen oder mit Erwachsenen)

Das Aststück an beiden Enden etwa 2,5 cm tief einkerben. An einem Ende die Nylonsehne fest verknoten. Am anderen Ende so verknoten, dass sie lösbar und nachstellbar ist.

Verwendung als Musikbogen

Ein Bogenende mit dem Saitenansatz in den Mund schieben und beim gleichzeitigen Zupfen der Saite die Vokale u - o - a mit dem Mund formen

- Variante: Saite mit einem Finger verkürzen (niederdrücken) - es entsteht ein anderer Ton.
- Variante: eine zweite Saite senkrecht

auf einem Drittel der ersten ziehen und am Astbogen verknoten. Wieder mit einem Finger diese Saite ziehen und die waagerechte Saite zupfen.

- Variante: als weiterer Hohlkörper kann ein umgekippter Kochtopf dienen. Den Bogen auf den Topf stellen und die Saite zupfen.
- Variante: Einen Luftballon aufblasen und am unteren Drittel des Astes fest anbinden. Beides in Höhe des Magens auflegen und zupfen.
- Variante: Bogen zwischen Schulter und Kinn legen, dass die Saite nach oben zeigt (wie Geige). Der Bogen wird dazu vorher in der Mitte (seinem Rundzentrum) mit einer Raspel geriffelt. Mit einem Stab (Holzstöckchen) wird auf der Riffelung gerieben. Wird auf dem oberen Ende des Holzstöckchens eine mit Samenkörnern gefüllte Kugel aufgesetzt - in einen Tischtennisball mit heißem Schraubenzieher (ERWACHSENE!) ein Loch brennen, etwas Reis einfüllen und das Stöckchen fest in die Öffnung stecken - so entsteht beim „Schrappen" gleichzeitig ein Rasseln.

Pfeil

(zum Jagdbogen)

Material: Stock, Messer, Knete
Alter: ab 5 Jahren

Einen Stock von etwa 50 cm Länge suchen und an einem Ende einkerben. In die Kerbe eine Feder oder etwas Knete zum Beschweren drücken. Das andere Ende zur Spitze schnitzen.

Spielanregung

Den Pfeil mit der Kerbe in die Mitte der Bogensehne (S. 83) setzen und spannen. Das Ziel ist ein dicker Sandhaufen, in dem der Pfeil stecken bleiben muss. Wer will, kann auch mit Wasser und Sand ein Sandtier bauen. Dann kann mit dem Pfeil das Tier getroffen werden.

Leopardenfalle

Außer in der Sahara, ist der Leopard in ganz Afrika verbreitet. Er ist Einzelgänger und verbirgt sich am Tage auf Bäumen, in Felsen und im Gebüsch, während er nachts Antilopen, Warzenschweine, Affen aber auch Haustiere anfällt. Deshalb stellen die Bauern und Jäger Fallen auf.

Alter: ab 3 Jahren

"Afrikanische Leopardenfalle" - Authentisches Spiel aus dem Sudan:
„... Möglichst viele Spieler bilden einen großen Kreis und gehen ringsum. Zwei im Voraus bestimmte Spieler bilden eine „Brücke“ oder eine „Falle“, durch die die anderen ziehen müssen. Die im Kreis gehenden Spieler schreiten im Takt eines Liedes und klatschen rhythmisch dazu in die Hände. Im Sudan singt man:
Löwe und Leopard, Löwe und Leopard,
zwei nächtliche Jäger,
Löwe und Leopard, Löwe und Leopard,
schlagen ihre Beute.
Bei der letzten Silbe klappt die Falle zu; ein Spieler ist gefangen und muss ausscheiden. Die anderen ziehen weiter im Kreis und singen. Nachdem auch ein zweiter Spieler gefangen ist, bilden die beiden eine weitere Falle; und so geht es fort, bis nur noch zwei Spieler, die Sieger, übrig sind. Die Spieler müssen immer im Takt schreiten und singen und nicht etwa am Schluss des Liedes ihre Schritte beschleunigen oder verzögern.“(6)

Mbawala Jila (Wayao, Tanzania)

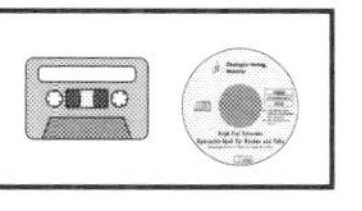

Viele Kinder in Afrika leben in Städten, die von deutschen Städten gar nicht so verschieden sind. Die afrikanischen Kinder aber, die in kleinen Dörfern, weit entfernt von einer Großstadt wohnen, sehen manchmal die wilden Tiere, die im Urwald und in der Steppe leben. In ihren Liedern spielen diese Tiere eine große Rolle.
Die Kinder der Wayao in Tanzania singen: „Die Wildhunde haben eine Antilope gefressen“

Mbawala Jila, Mbawala Jila, Jilile Nantscheto
Ehehe, Ehehe, Jilile Nantscheto

Die Kinder bilden einen Kreis. Sie halten sich mit festem Kettengriff an den Händen (die Hände umschließen die Handgelenke) und singen das Lied Mbawala Jila.
Die „Antilope“ - im Kreisinnern - versucht immer wieder, den Kreis zu durchbrechen. Gelingt es ihr, hören die Kinder sofort auf zu singen, lösen den Kreis auf und laufen hinter der „Antilope“ her.
Wer sie zuerst fängt, ist die neue „Antilope“.

Chimukuyu

(Trockenfleisch aus Simbabwe)

Zutaten für vier Personen:
1 kg Rindfleisch, Pfeffer und Salz nach Geschmack, 1 bis 2 in Scheiben geschnittene Zwiebeln, 3 oder 4 klein geschnittene Tomaten, 2 bis 3 Essl. Erdnussbutter, 1/2 Tasse kaltes Wasser, Öl

Zubereitung: Das Fleisch in etwa zwei Zentimeter breite und dreißig Zentimeter lange Streifen schneiden. Nach Geschmack mit Pfeffer und Salz würzen. An einem trockenen Platz drei bis vier Tage aufhängen, bis es völlig getrocknet ist. Das trockene Fleisch in kleine Würfel von etwa zwei mal zwei Zentimeter schneiden. In kochendes Wasser legen, garen und herausnehmen. Die Zwiebelscheiben in Öl bräunen. Die Erdnussbutter mit dem Wasser verquirlen, die angebratenen Zwiebelscheiben und die Tomaten dazugeben. Fünf Minuten kochen und danach das vorbereitete Fleisch beigeben. Eventuell noch einmal nachsalzen.

Fischamulett

In Äthiopien glauben die Menschen, dass der so genannte „Buda", das „böse Auge", alles verderben lässt, wohin er blickt. Nachts soll der Buda auf Hyänen reiten oder sich sogar in sie verwandeln. Ist ein Mensch erkrankt, hat er Pech bei der Jagd, hat ihn ein wildes Tier gerissen - es war das „böse Auge".
Die Kinder und Erwachsenen schützen sich vor ihm durch Amulette, die sie an einer Schnur um den Hals tragen. Die Amulette können kleine Ledertäschchen sein, die Bibel- oder andere Sprüche enthalten. Der Fisch ist das Ursymbol aller Christen und in Äthiopien sind die Menschen vor allem christlich.
Der Fisch hat die Eigenschaft, sich in der Tiefe des Wassers vor dem „bösen Auge" verstecken zu können.

Material: Sperrholz, Laubsäge, Schraubstock, Fischschablone, Bleistift, Handbohrer, Lötkolben, Halsband (evtl. Lederschnürchen), farbloser Nagellack
Alter: ab 6 Jahren (mit Erwachsenen)

Eine Schablone in Fischform mit etwa sieben Zentimeter Länge und max. sechs Zentimeter Breite (s. Skizze, der Umriss muss evtl. von Erwachsenen vorgegeben werden) fertigen. Die Schablone auf Sperrholz legen und mit dem Bleistift umreißen. Das Sperrholz in einen Kinderschraubstock spannen und mit der Laubsäge aussägen. Mit feinem Sandpapier glätten. Augen, Maul, Schuppen, Flossenlinien zuerst mit Bleistift vorzeichnen (beidseitig), dann mit dem Lötkolben brennen (ERWACHSENE). Kleinere Kinder können den Fisch auch bemalen.
Mit einem Handbohrer am Maul ein Loch bohren. Das Halsbändchen hindurch fädeln. Zum Schluss den Fisch mit farblosem Nagellack überziehen.

Der Medizinmann kommt

> Wenn du am hellichten Tag eine Kröte herumhüpfen siehst, dann weißt du: Sie ist in Lebensgefahr.
> (Sprichwort aus Nigeria)

Der Medizinmann ist ein Zauberer

(Ein Buschmann aus Südwestafrika erzählt aus seinem Leben)

„... Vor Sonnenuntergang kann ein Zauberer seine Kunst nicht zeigen, es muß erst dunkel sein und vor der Hütte ein helles Feuer brennen. Als es soweit war, versammelten sich alle Gehöftbewohner um das Feuer. Der Zauberer kommt gemessenen Ganges heran, sein Kopf ist mit Duftpulver bestreut, an seinem Gürtel hängen zwei Beutel mit Geräten, um den Hals trägt er die Zauberkette, die bis auf die Brust reicht, sie ist hergestellt aus Straußeneischalen und Glasperlen. In seiner Hand hält er den Zauberstock...
Er läßt sich am Feuer nieder, springt plötzlich auf und fängt an zu tanzen, immer schneller und wilder. Er singt ein Gebet an Xgamab, den Wassergeber:
'Xgamab, Wassergeber, komm und hilf!
Der Mutter Kind ist krank und stirbt.
Höre, wie es klagt und weint,
längst nicht mehr die Sonne scheint.
Du gibst Regen Jahr um Jahr,
hilf dem Kinde wunderbar.
...Eile, hilf und mach gesund
dies Kind heut zur Abendstund.'
Die Frauen blickten während des Tanzens unverwandt auf den Zauberer. Auf einmal springen auch sie auf und tanzen mit; sie wiederholen im Chor, was er vorsingt. Nachdem der Zauberer zwei bis drei Stunden getanzt und gesungen hat, fällt er bewußtlos zu Boden. Die Hände der Männer fangen ihn auf, damit er nicht ins Feuer falle. Beim Erwachen sagt er: 'Xgamab hat uns erhört; er weiß, daß wir hier versammelt sind, er ist nicht fern von uns.' Der Zauberer geht abseits, schmückt und pudert sich. Das Haupt bestreut er mit rotem duftendem Holzmehl. An beiden Hüften befestigt er einen Fellbeutel, der eine gefüllt mit duftigem Holzmehl, der andere mit zerstampften Blättern. Er greift in den rechten und linken Beutel und streut den Inhalt in das Feuer, so daß ein wohlriechender Rauch entsteht und die Anwesenden in eine Wolke gehüllt sind. Etwas von dem Holz- und Blättermehl streut der Zauberer auf sein Haupt. Niemals darf er das abwaschen, ist sein Kopf schmutzig geworden, so wird er mit Fett eingerieben.
...
Still tritt er darauf ein wenig von den Leuten weg und bleibt nahe einem Baum stehen. Die Hände lose auf den Rücken legend, den Blick nach oben gewendet, spricht er mit Xgamab. Seine Worte hört niemand, nur die Lippen bewegen sich...
Er legt nun seinen Mund auf die Stelle, wo meine Mutter Schmerzen hat und saugt die Krankheit aus dem Körper heraus. Wir alle staunten, was da herauskam: eine Schlange, ein Chamäleon, eine Schildkröte, ein Frosch und Käfer verschiedener Art. Sie alle gingen heraus und blieben am Feuer stehen. Aber auch Giftpflanzen, Stöcke und Steinstücke wurden herausgezogen. Bei jedem Gegenstand gab der Zauberer Tunugub Erklärungen. Als der Frosch kam, sagt er: 'Die Kranke hat einen Feind, der ihr nach dem Leben trachtet. Er hat Erde von ihrer Fußspur genommen und zu einem

Grab getragen, damit die Frau sterbe.' Und bei der Schlange: 'Der Feind hat das Fell der Schlange genommen, es mit den Haaren des Leoparden vermengt und ins Essen getan.' Als das Chamäleon sichtbar wurde, rief er: 'Der Feind hat ein Chamäleon geschlachtet und das zerriebene Fleisch ins Essen getan. So wird die Frau immer magerer und muß sterben.'

Als alle Krankheiten aus dem Leib meiner Mutter fort waren, mußte Tunugub den Mann ausfindig machen, der sie vergiftet oder verflucht hatte. Wieder sammelten wir uns um das Feuer, er streute Pulver hinein, und schon erschien in dem Rauch die Gestalt, die wir alle kannten. Tunugub fragte: 'Kennt ihr den Mann?' die Antwort lautete: 'Wir kennen ihn genau, es ist der und der.' Nun wußte jeder, wer der Schuldige war.

Am nächsten Morgen sandte Tunugub zwei Männer aus, um den Bösewicht zu rufen. ...Tunugub zeigte ihm alle Dinge, die er aus dem Leib der Mutter entfernt hatte, und fragte ihn, ob sie ihm gehörten. Als er das bejahte, forderte Tunugub ihn auf: 'Erhebe dich, schließe Frieden mit der Kranken und mache sie wieder gesund. Du hast sie bezaubert, und du mußt sie heilen.' Der Mann ging zu meiner Mutter, rieb die Stelle mit der Medizin ein und sagte: 'Verzeih, daß ich dich an dem und dem Tage vergifte habe. Du hast jene Worte zu mir gesagt, die mich erzürnten, so daß ich mich rächen wollte. Aber nun soll alles vergessen sein, werde gesund und lebe...'

Von da an war meine Mutter wieder gesund." (7)

Magische Kleidungsstücke des Medizinmanns

Die fortschrittlichen Kräfte in Afrika versuchen einerseits, die Jahrtausende alten Heilmethoden mittels Kräutern, Salben, Fetten, Säften usw. zu erhalten, andererseits die traditionellen Medizin-Riten weitestgehend zu entmythologisieren. Da dieser Prozess sehr langwierig ist, gibt es den Medizinmann nach wie vor.

Medizinbeutel für den Hals

Material: Leder, Lochzange, kleiner Teller, Bleistift, Schere, bunte Schnur oder Kordel, Rosmarin
Alter: ab 4 Jahren (mit älteren Kindern)

Von alter Lederkleidung ein geeignetes Stück Leder abschneiden oder Lederreste verwenden. Einen kleinen Teller auf das Lederstück legen, mit Bleistift umfahren und ausschneiden. Mit der Lochzange am Außenrand Löcher stanzen. Die Schnur durch die Löcher ziehen und in die Mitte des Leders einen Teelöffel Rosmarin streuen. Die Schnur zuziehen und um den Hals hängen.

Honiggläschen für den Gürtel

Material: Gut verschließbares kleines Gläschen oder Döschen, Honig, Band
Alter: ab 4 Jahren

Etwas Honig in ein Gläschen oder Döschen füllen. Das Gefäß wird dann dem Medizinmann mit einer Schnur am Gürtel festgebunden.

Samenkapseln für die Hüften

Material: Lange braune Schoten des Johannisbrotbaumes, Bindfaden, Stopfnadel
Alter: ab 4 Jahren
Johannisbrot ist im Herbst reif. Es wächst auch in Großstädten. Die Schoten können leicht mit der Nadel durchstochen und als ein um die Hüften passender Gürtel aufgefädelt werden. Die kleinen Samen in den Schoten klappern bei jeder Bewegung.
Ist kein Johannisbrotbaum zu finden, können andere trockene Samenschoten genommen werden.

Schellen für Arme und Beine

Material: Kronkorken, Hutgummi, bunte Perlen, Hammer, Nietdorn oder Körner, feste Unterlage
Alter: ab 5 Jahren

Die Kronkorken werden auf eine feste Unterlage gelegt und in der Mitte mit Hammer und Dorn durchstoßen. Dann werden sie auf den Hutgummi gezogen: ein Kronkorken mit der offenen Seite nach rechts, eine Perle, ein Kronkorken mit der offenen Seite nach links, eine Perle, ein Kronkorken mit der offenen Seite nach rechts usw. Den Hutgummi passend für Hand und Arm locker hängend verknoten.

Glöckchen für den Hosensaum oder für die „Toga"

Material: ganz kleine Joghurtbecher, Handbohrer, kleine Kastanien oder Perlen, Schnur
Alter: ab 3 Jahren (mit älteren Kindern)

Die Bodenmitte des Joghurtbechers mittels Handbohrer durchbohren.
Eine Perle oder eine kleine Kastanie (diese kann auch mit dem Handbohrer durchbohrt werden) auffädeln. An einem Ende einen dicken Knoten machen. Das andere Schnurende so weit durch den Becher ziehen, dass die Perle oder Kastanie als Klöppel etwa in der Mitte des Bechers hängt. Die Austrittsstelle der Schnur am Becherboden kennzeichnen und die Schnur noch einmal herausziehen. An der gekennzeichneten Stelle einen dicken Knoten binden und die Schnur durch den Boden des Bechers ziehen. Auf der Oberseite des Bechers einen weiteren Knoten zur Stabilisierung binden. Nun kann das Glöckchen am Hosensaum oder an der „Toga" angebunden werden.

Der Zauberer sucht versteckte Dinge

Wenn ein Mann Zauberer werden will, muss er viele Künste erlernen. Die Abschlussprüfung besteht darin, die im Kral oder in der Hütte versteckten Dinge (z.B. Perlen, Lederbeutel, Gürtel usw.) zu finden. Dazu muss der Prüfling den richtigen Zauberspruch wissen und sich in Trance versetzen. Alle gefundenen Sachen gehen in seinen Besitz über, wodurch sein Ansehen von Fund zu Fund steigt.

Material: Petersilie, Möhren, Senf, Essig, Honig, Töpfe oder Schüsseln
Alter: ab 3 Jahren

Alle Töpfe werden unterschiedlich gefüllt: mit Petersilie, Möhren, Senf, Essig, Honig. Darüber ist jeweils ein undurchsichtiges Tuch gedeckt, das aber geruchsdurchlässig ist.
Ein Kind ist der Zauberer, der ohne Sehen und Fühlen, allein durch seinen Geruchssinn, feststellen kann, was sich in dem Topf befindet.
Um die Füße des Zauberers sind Schellen mit denen er aufstampft, dabei murmelt und riecht er. Wer die ganze Prüfung besteht, darf die Zaubererschellen behalten.

Feste und Feiern

Wer Wein am Wege pflanzt und wer eine schöne Frau heiratet, hat die gleichen Probleme.
(Sprichwort aus Äthiopien)

Hochzeits-Vorbereitungen nach altem Brauch

(Nigeria)

Alter: ab 6 Jahren

„... Gegen Nachmittag trafen die ersten Palmweinkrüge von Obierikas neuen Verwandten ein. Man bot sie, wie es sich gehörte, den kochenden Frauen an, die jede einen oder zwei Becher tranken, um ihren Durst zu stillen. Auch die Braut und die Brautjungfern, die ihrer Haartracht mit dem Rasiermesser die letzte Eleganz gaben oder ihre glatte Haut mit Rotholz färbten, bekamen Wein.

Als die Sonnenhitze nachließ, nahm Obierikas Sohn Maduka einen langen Besen und fegte den Boden vor dem Obi seines Vaters sauber; und als hätten Obierikas Verwandte und Freunde darauf gewartet, kamen jetzt alle einer nach dem anderen an, jeder mit der Ziegenfelltasche am Riemen über der Schulter und einer gerollten Ziegenfellmatte unterm Arm. Einige von ihnen - darunter auch Okonkwo - wurden von ihren Söhnen begleitet, die geschnitzte Holzstühle trugen. Sie setzten sich im Halbkreis zusammen, begannen von allem und jedem zu plaudern und erwarteten den Bräutigam und seine Angehörigen. Okonkwo holte seine Schnupftabakdose hervor und bot sie Ogbuefi Ezenwa an, der neben ihm saß. Ezenwa nahm sie, klopfte mit ihr auf seine Kniescheibe, rieb seine linke Hand am Körper trocken und schüttete dann ein wenig Schnupftabak auf dieselbe. Jede einzelne Handbewegung vollführte er mit Bedacht und sprach dabei: 'Ich hoffe, unsere Gäste werden viele Krüge Wein bringen. Sie kommen zwar aus einem Dorf, wo man die Hand nicht gerne aufmacht; aber sie wissen ja, daß Akueke die Braut für einen König ist.'

'Sie werden nicht wagen, weniger als dreißig Krüge zu bringen; sonst werde ich ihnen Bescheid sagen', meint Okonkwo.

In diesem Augenblick führte Obierikas Sohn Maduka die Riesenziege aus ihrem Verschlag, um sie den Verwandten seines Vaters zu zeigen. Sie wurde von allen bewundert und für ein würdiges Geschenk erklärt. Dann brachte Maduka sie in ihren Verschlag zurück.

Kurz darauf erschienen die Verwandten des Bräutigams. Zuerst kamen in einer Reihe hintereinander die Jünglinge und Knaben, die jeder einen Krug Wein trugen. Obierikas Verwandte zählten die Krüge genau ab: zwanzig, fünfundzwanzig. Dann trat eine lange Pause ein; und die Verwandten sahen sich an. 'Haben wir es nicht gesagt!' Dann aber kamen neue Krüge: dreißig, fünfunddreißig, vierzig, fünfundvierzig. Die Verwandten nickten beifällig. 'Sie benehmen sich, wie sich's gehört.' Schließlich waren fünfzig Krüge beisammen. Nach den Krugträgern kamen Ibe, der Bräutigam, und die Ältesten seiner Familie. Auch sie setzten sich in einem Halbkreis zusammen, so daß Wirte und Gäste nunmehr einen geschlossenen Kreis bildeten, in dessen Mitte die Weinkrüge standen. Dann näherten sich aus dem Innenhof die Braut, ihre Mutter und ein halbes Dutzend anderer Frauen und Mädchen dem Kreise, an dem sie entlanggingen und allen die Hände schüttelten: zuerst die

Mutter, dann die Braut und die übrigen Frauen. Die verheirateten Frauen trugen ihre besten Kleider und die Mädchen rote und schwarze Perlschnüre um die Hüften sowie Armbänder aus Messing.
Als die Frauen sich wieder zurückzogen, bot Obierika seinen Gästen Kolanüsse an. Sein ältester Bruder zerbrach die erste. 'Langes Leben für uns alle', sagte er, 'und gute Freundschaft zwischen eurer und unserer Familie.'
Die Gäste antworteten mit einem langgezogenen 'Ee-e-e!'
'Wir geben euch heute unserer Tochter. Sie wird eine gute Gattin sein und wird euch neun Söhne schenken, wie die Mutter unserer Stadt.'
'Ee-e-e!'
Der älteste Mann auf seiten der Gäste erwiderte: 'Es wird gut sein für euch und wird gut sein für uns.'
'Ee-e-e!'
'Es ist nicht das erste Mal, daß einer der Unsern eine von euren Töchtern heiratet. Meine Mutter war eine von ihnen.'
'Ee-e-e!'
'Und es wird nicht das letzte Mal gewesen sein; denn ihr versteht uns, und wir verstehen euch. Ihr seid eine große Familie.'
'Ee-e-e!'
'Wohlhabende Männer und große Krieger.' Er sah zu Okonkwo hinüber. 'Eure Tochter wird uns Söhne schenken, die dir gleichen.'
'Ee-e-e!'
Die Kolanüsse waren verzehrt worden, und das Trinken des Palmweins begann. Um einen Krug bildete sich jeweils eine Gruppe von vier oder fünf Männern. Im Laufe des Abends wurde den Gästen dann auch Essen gereicht: mächtige Schüsseln mit Foo-foo und dampfende Suppentöpfe. Es war ein gewaltiges Fest.
Bei Einbruch der Nacht wurden brennende Fackeln auf hölzerne Dreifüße gesteckt, und die jungen Männer begannen zu singen. Die älteren Gäste saßen in einem weiten Kreis, in welchem die Sänger herumgingen, vor jedem Mann stehenbleiben und sein Lob sangen...Als sie den Kreis abgeschritten hatten, ließen sie sich in dessen Mitte nieder; und nun erschienen junge Mädchen, um zu tanzen. Die Braut war anfangs nicht unter ihnen. Als sie dann aber erschien, mit einem Hahn in der rechten Hand, wurde sie jubelnd begrüßt. Die Tänzerinnen traten zur Seite. Sie ging auf die Sänger zu, überreichte ihnen den Hahn und begann zu tanzen. Ihre Messingarmbänder klirrten, und ihr mit Rotholz eingeriebener Leib glühte in dem sanften gelben Licht. Die Musikanten mit ihren hölzernen, tönernen und metallenen Instrumenten sangen ein Lied nach dem anderen; und alle waren vergnügt und guter Dinge...
Die Nacht war schon weit fortgeschritten, als die Gäste aufbrachen. Sie nahmen die Braut mit in ihr Dorf, wo sie für sieben Marktwochen bei den Eltern des Bräutigams wohnen sollte. Zum Abschied sangen sie noch ein Lied..." (8)

Arbeit mit dem Text:

- Jede Textstelle „Ee-e-e" können die Kinder im Chor mitsprechen, wie die Hochzeitsgäste auch.
- Gemeinsam herausfinden, was das „Ee-e-e" wohl heißt.

Brautsuchspiel

Material: Tücher oder Stirnbänder
Alter: ab 4 Jahren

Alle Mädchen stehen zusammen in einem Kral (Kreis um sie ziehen) und sind gleich gekleidet (z.B. tragen alle das gleiche Tuch oder Stirnband etc.). Sie machen untereinander aus, wer die Braut ist.

Der Mise, so heißt der Freund des Bräutigams, neckt die Mädchen mit Kniffen, Zupfen, Stupsen, aber kein Mädchen darf den Kral überschreiten oder etwas verraten. Also bleibt dem Bräutigam nur aufzupassen, ob die wirkliche Braut ihm heimlich ein Zeichen gibt, das der Mise nicht mitbekommen darf. Glaubt er ein Zeichen erhalten zu haben, tritt er an den Kral und zeigt auf die Auserwählte: „Sie ist meine Frau" und reicht ihr die Hand. Sagt sie: „Er ist mein Mann" und reicht ihm ebenfalls die Hand, laufen beide fort. Hat er sich geirrt, wird er ausgebuht.

Variante: Das Brautsuchspiel kann mit dem Brautfangspiel verbunden werden.

Hat der Bräutigam die Braut gefunden, muss er sie beim Fortlaufen noch mit einem Ballwurf treffen.

Damba - Hochzeitstanz aus Nordghana

Material: für jeden Jungen einen Stock, für jedes Mädchen ein etwa 80 cm langes, schmales Tuch
Alter: ab 4 Jahren

Alle Jungen und Mädchen stehen sich in zwei Reihen gegenüber. Die Jungen halten ihren Stock mit vorgestreckten Armen. Sie führen alle gleichzeitig zwei Nachstellschritte nach rechts aus - mit Viertelkörperdrehung nach rechts. Der Stock vollführt dabei zweimal einen Halbbogen nach unten. Anschließend führen die Jungen zwei Nachstellschritte nach links aus mit Halbkörperdrehung nach links, wobei der Stock zweimal einen Halbbogen nach unten beschreibt. Dann wieder eine Halbkörperdrehung nach rechts mit den zwei Nachstellschritten und gleicher Stockbewegung ausführen, anschließend eine Halbkörperdrehung nach links mit zwei Nachstellschritten und gleicher Stockbewegung.

Die Jungs vollführen diesen Tanz ganz synchron in ständiger Wiederholung.

Die Mädchen legen ihr Tuch um die Hüften und halten die „Fast-Enden" links und rechts fest. Sie vollführen die gleichen Nachstellschritte wie die Jungs, nur als ihr Gegenüber eben spiegelverkehrt. Die Arme mit dem Tuch schwingen dabei im Rhythmus zueinander im Halbkreis nach unten.

Varianten:

● Zuerst tanzen nur die Jungen, dann die Mädchen, zum Schluss alle zusammen; dabei kann die ganze Linie der Tänzer bei größeren Schritten Stück um Stück vorrücken.

● Unterstützung durch Trommeln: Einige Kinder spielen sich mit den Händen auf ihren Trommeln auf folgenden Rhythmus ein:

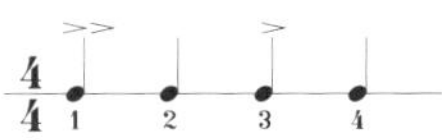

oder

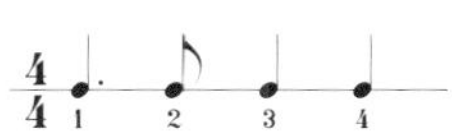

Darauf achten, dass alle gleichzeitig auf Mitte oder Außenkante des Trommelfells schlagen, z.B. bei „3" immer nur Außenkante.

Dazu passt der Tanzschritt: 1, 2, 3, 4 = zwei Nachstellschritte nach rechts - 1, 2, 3, 4 = zwei Nachstellschritte nach links usw. (18)

Hilfestellung für Nicht-Notenkenner: Mit dem Sekundenzeiger der Uhr 1, 2, 3, 4 zählen und die „1" am stärksten auf der Trommel klopfen; die „2" leicht; die „3" weniger stark als die „1", aber dennoch stark; und die 4 so leicht wie die „2". Immerzu und immerzu wiederholen. Dann ohne Sekundenzeiger. Dann etwas schneller werden.

● Generelle Möglichkeit für alle Varianten: Die Rasseln (ohne Zähleinheiten) dazu einsetzen.

Erdnussnougat

Erdnussnougat wird nur zu Festtagen hergestellt. Es ist eine süße Leckerei aus Erdnüssen und Zucker und in allen Gebieten Afrikas, wo es Erdnüsse gibt, verbreitet. Es wird besonders von den Kindern geliebt.

Zutaten: 500 g geröstete ungesalzene Erdnüsse, 1 1/2 Tassen Zucker, Zitrone, Wasser, Pfanne, Tasse, Mörser, Stößel, Holzkelle, Blech, Fett, Flasche

Zubereitung: Die gerösteten, ungesalzenen Erdnüsse in den Mörser (S. 35)schütten (hohes hölzernes oder anderes Gefäß auch möglich) und mit dem Stößel (S. 35) zerstampfen (evtl. bei größerem Gefäß Baseballschläger nehmen). Eineinhalb Tassen Zucker zusammen mit einem halben Glas Wasser und einigen Tropfen Zitronensaft in eine Pfanne geben, erhitzen und ständig rühren, bis es eine glatte Masse ist. Wenn der Zucker braun wird, kommen die gemahlenen Erdnüsse hinzu. Mit der Holzkelle rühren, bis alles gut vermengt ist. Jetzt wird das Nougat auf ein Blech oder in zwei Kuchenspringformen gegossen. Mit dem Flaschenboden, der vorher eingefettet wird, drückt man die Masse bis auf etwa einen halben Zentimeter flach. Das noch heiße Nougat in Stücke schneiden, abkühlen lassen und essen.

Hoya Hoyeh (Amhara, Äthiopien)

In Äthiopien beginnt das neue Jahr im September . Es existiert ein eigener Kalender und der erste Monat im Jahr heißt Meskerem. Es wird ein großes Fest gefeiert. Den ganzen Tag lang ziehen die Jungen in Gruppen durch den Ort. Vor jedem Haus bleiben sie stehen, klopfen mit Stöcken auf den Boden, tanzen und singen ein ganz besonderes Lied. Sie wünschen den Menschen ein glückliches neues Jahr. In jedem Haus bekommen sie etwas Brot, das eigens für diesen Tag gebacken wurde.

Hoya Hoyeh — Ho
Hoya Hoyeh — Ho
Gib mir endlich was — Ho
Solange ich hier steh — Ho
Und nicht wie die Hyäne — Ho
Dir auf die Nerven geh — Ho
Denn die macht schlapp — Ho
Doch ich geb nicht auf
Über Straßen, Plätze, Felder tanzen wir zu dir — 2X

Dort drüben seh ich Rauch	Ho	
Die feinen Leute essen	Ho	
Von ihrem schönen Teller	Ho	
Hab ich mich satt gegessen	Ho	
Mein Bauch der war so voll	Ho	
Bin aus dem Bett gefallen	Ho	
Das Bett ist so gemein	Ho	
Reicht nur für mich allein	Ho	
Hoyesh Hoy, lad mich ein, ich komm zu dir, sei nicht allein		2X
Von einem Stein zum andern	Ho	
Muss das Äffchen wandern	Ho	
Und ich geb nicht auf	Ho	
Lauf neue Wege rauf	Ho	
Bis die Seele singt	Ho	
Und aus dem Körper springt	Ho	
Hoyesh Hoy die Taube gurrt, hörst du wie mein Magen knurrt		2X
Und auch im neuen Jahr	im neuen Jahr	
Im neuen Jahr		
Regnet es Glück und Gold	im neuen Jahr	
Im neuen Jahr		
Auf dieses gute Haus	im neuen Jahr	
Im neuen Jahr		
Asiyo Belema	Belema, Ahaha	

Hoya Hoyeh Ho
Hoya Hoyeh Ho
Tew setengyena Ho
Le hidelehe Ho
Enda roge jib Ho
Altschuhebehe Ho
Aroge jibu Ho
Tschoho yehedal Ho
Endene yalew Ho
Metsche yelekal Ho
Hoyisch Hoye limta besafiew godana 2X

Esa mado Ho
Tschis yetschesal Ho
Agafari yidegesal Ho
Yanen digis Ho
Wutsche wutsche Ho
Bedenk alga Ho
Tegelbetsche Ho
Ya dink alga Ho
Amelengya Ho
Yalan de sew Ho
Atastengya Ho
Hoyisch Hoy lamitwa
lemta way bemata 2X

Amet audamete degemena
Amete degemena
Yemebeten bete degemena
Amete degemena
Work yintefibet degemena
Amete degemena

Assiyo belema belema ahaha
Assiyo belema belema ahaha

Dengay le dengay Ho
teselaletsch tota Ho
Alekem ene Ho
Nefse betweta Ho
Hoyesch Hoye gude
Erem erem ale hode 2X

Das Leben der Kinder

Wenn ein Junge einen Kiesel treibt, muss er hinter ihm herlaufen.
(Sprichwort aus Benin)

Wie in vielen anderen Kulturen, stellen auch in Afrika Kinder einen besonderen Reichtum der Familien dar. Kinder, das bedeutet den Fortbestand der Familie, einen potenten Vater als Statussymbol und einen gesicherten Lebensabend. Kinder bringen viel Freude und Glück, auch wenn häufig ein gerüttelt Maß an Aufwand notwendig ist, sie zu ernähren und zu erziehen.

In Gemeinschaften, wie den afrikanischen, die vorwiegend durch eine bäuerliche Bevölkerung charakterisiert sind, ist aufgrund der extensiven Bewirtschaftungsmethoden, die dort angewandt werden, eine hohe Arbeitskräftezahl notwendig. Da in früheren Zeiten relativ viele Säuglinge und Kleinkinder starben (Sterberate), mussten entsprechend viele Kinder gezeugt werden (Geburtenrate), um die erforderliche Arbeitskräftezahl im Großfamilien- bzw. Dorfverband zu haben.

Im Verlauf der letzten Jahrzehnte, vor allem nach Erringung der staatlichen Unabhängigkeit, wurde die medizinische Vorsorge und Behandlung in vielen Staaten verbessert, so dass die Kindersterblichkeit teilweise stark zurückging. Dieser sich relativ schnell vollziehende Rückgang fand keine adäquate Entsprechung bei der Geburtenrate, da sich Werte und Normen in den Köpfen der Menschen nur sehr zähflüssig ändern.

Das Ergebnis davon war, dass die Differenz zwischen der noch hohen Geburtenrate und der immer niedriger werdenden Sterberate immer größer wurde. Die Zahl der Kinder stieg an und es kam zur so genannten Bevölkerungsexplosion. Die rasante Bevölkerungszunahme hat u.a. das Resultat, dass eine stark verjüngte Bevölkerung existiert, in manchen Ländern sind über 50 Prozent jünger als 25 Jahre.

Viele Kinder in Afrika erfüllen schon Pflichten, wie es ebenfalls in Deutschland üblich war und ist. Sie passen auf kleinere Geschwister auf, helfen im Haushalt und auf dem Feld, weiden das Vieh u.Ä.

Die Kinder sind es oft, die den harten Unbilden des Lebens im gegenwärtigen Afrika - bedingt durch die allgemein schlechte wirtschaftliche und finanzielle Situation - besonders ausgeliefert sind. In vielen Kriegs-, Unruhe- und Krisengebieten werden die Kinder hin- und hergerissen, sind auf der Flucht und werden nicht selten von ihren Eltern und Verwandten getrennt oder verlieren diese in den Auseinandersetzungen. Auch die Zahl der Todesopfer unter den Kindern häuft sich. Die aktuellen Beispiele Rwanda, Burundi und Ostzaire bewegen auch in Deutschland viele Menschen. UNICEF, das Kinderhilfswerk der Vereinten Nationen und viele andere Organisationen versuchen, aus ihren Mitteln und den Spenden der Bevölkerung vieler Länder die schlimmste Not zu lindern. Mittlerweile sind in den meisten Ländern Afrikas Hunger, Unterernährung und Krankheiten der ständige Begleiter vieler Kinder sowohl in der Stadt als auch auf dem flachen Lande. Amnesty international, Sektionsbüro Berlin, schrieb im November 1996 in einem Flugblatt, dass *"junge Erwachsene bzw. Minderjährige ohne Angehörige in Äthiopien...keine menschenwürdige Überlebenschance sowohl in Addis Abeba als auch in anderen Landesteilen (haben). Allein in der Hauptstadt Addis Abe-*

ba gibt es mehr als 40.000 Straßenkinder, die zum Teil in tiefster Armut leben. Die Dunkelziffer dürfte jedoch weitaus höher liegen...Für Kinder und junge Erwachsene ohne Familie besteht somit keine ökonomische Überlebensbasis. Europäer werden auf Schritt und Tritt angebettelt und die Minderjährigen, die auf der Straße leben, u.a. auf Mittelinseln und in der Kanalisation, erwarten namentlich folgende Gefahren: ***Hunger, Bettelei, Prostitution, Kinderarbeit (z.B. das Reinigen bereits geleerter Öltanks und der Verkauf des dabei anfallenden Altöls - derartige Arbeiten sind insbesondere für heranwachsende Jugendliche äußerst gesundheitsgefährdend). Die Kinder können jedoch von den wenigen, eingenommenen Birr nicht überleben.*** *Berichten zufolge sollen die äthiopischen Behörden in diesem Jahr zudem Tausende von Straßenkindern und Prostituierten in der Hauptstadt eingesammelt haben. Diese seien dann mit Lastwagen außerhalb der Stadt verbracht und auf einem öden Stück Land abgesetzt und ihrem Schicksal überlassen worden. Diese Maßnahme zielte anscheinend darauf ab, Touristen und anderen Ausländern zumindest vordergründig ein ordentlicheres Stadtbild präsentieren zu können.“*

Ein weiteres großes Problem ist die Schulbildung. Obwohl in einigen Ländern große Anstrengungen unternommen wurden und werden, die Kinder zu beschulen, sind aufgrund der vielen Geburten und begrenzten ökonomischen und finanziellen Mittel und Möglichkeiten große Lücken in der Ausbildung vorhanden, mit anderen Worten: das Analphabetentum ist ziemlich groß und teilweise zunehmend. Es erreicht in manchen Ländern 80 Prozent (wir sollten jedoch beachten, dass es auch im reichen Deutschland ca. zwei Millionen Analphabeten gibt!).

Das harte und entbehrungsreiche Leben der afrikanischen Kinder bringt oft Traurigkeit in ihre Gesichter. Durch Fröhlichkeit und Tanz, die man in Afrika häufig antrifft, fällt ihnen aber vieles leichter. Die meisten Kinder haben natürlich auch noch Zeit zum Spielen. Manche Spiele ähneln den unseren, andere wiederum sind typisch für die Landschaft, die Tier- und Pflanzenwelt oder die Kultur, in der die Kinder aufwachsen.

Flechten im Werkunterricht

In manchen Schulen gibt es auch Werkunterricht. Hier lernen die Kinder, wie Körbe und Matten geflochten, Häuser gebaut und Dächer gedeckt werden. Meistens aber wird die Flechttechnik von den Alten an die Jungen zu Hause weitergegeben.

In manchen Ländern, z.B. in Kenia, bringt jedes Kind zum Unterricht seinen eigenen Stuhl sowie Schaufel und Besen mit, um das Klassenzimmer nach dem Unterricht zu säubern.

Matten flechten aus Gras

Material: sehr lange Grashalme (Gräser, die bei uns vorkommen, wie Fioringras und Pfeifengras, werden bis zu 1,5 m hoch), Schere

Alter: ab 4 Jahren

Jeweils drei Halme zu einem Zopf flechten. Vorher die Rispen weitgehend entfernen. Eine genügend große Anzahl Flechtzopfstreifen herstellen. Dann die Hälfte der Zöpfe parallel nebeneinander legen. Die übrigen Zöpfe werden zum Durchflechten benutzt. Die erste Reihe im „Stopfverfahren" arbeiten und mit einem Einzelhalm feste Verknotungen zwischen den Querverbindungen schaffen - so entsteht der Mattenrand. Die restlichen Zöpfe weiter im Stopfverfahren einflechten, bis eine quadratische kleine Sitzmatte entstanden ist. Zum Schluss überstehende Halmenden an den Seiten unterstecken.

Wenn kein langes Gras vorhanden ist, kann auch Stroh genommen werden.

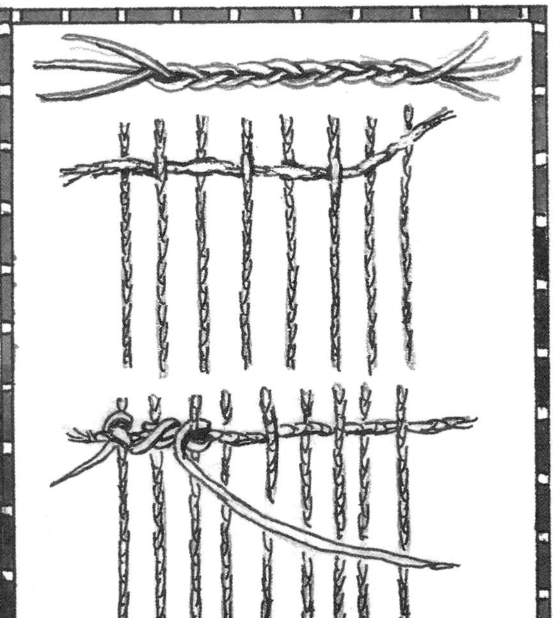

Körbe flechten aus Peddigrohr

Peddigrohr wird aus Rattanpflanzen gewonnen, indem es aus dem Rundgehölz abgespalten wird. Rattan wird auf Plantagen rund um den Äquator angebaut. Es wächst immer wieder nach.

Material: 2 verschiedene Stärken von Peddigrohr*, Wasser, Eimer, Schere
Alter: ab 6 Jahren

Das Peddigrohr wird ein bis zwei Stunden in Wasser gelegt, damit es geschmeidig wird. Entsprechend der Größe des Korbes vom dickeren Rohr vier (sechs oder acht, nie eine ungerade Anzahl) gleich lange Stücke abschneiden und in der Mitte allesamt wie ein Kreuz übereinander legen. Jetzt ein langes dünnes Peddigrohr nehmen und mit dem einen Ende beginnend, am Mittelpunkt der dickeren Rohre auf und nieder stopfen. So mehrere Runden arbeiten. Zwischenzeitlich das Flechtwerk immer wieder dicht zusammenschieben. Wird das Rohr zu starr, erneut in Wasser einweichen. Die Rundung für die Breite des Korbes einfach mit den Händen zurechtdrücken. Zum Schluss die hochstehenden Spitzen wie einen Bogen ins untere Flechtwerk stecken.
Statt Peddigrohr kann man auch eingeweichte Weidenzweige zum Flechten nehmen.

Spielanregung

Einen geflochtenen Korb auf das geschlungene und als Ring auf den Kopf gelegte Tuch (s. S. 23) stellen und ohne festzuhalten gehen und ausbalancieren.

Zeichenunterricht - Malen auf Rinde

In Kenia müssen die Eltern für jedes Kind umgerechnet 20,- Mark Schulgeld im Monat zahlen. Das ist sehr viel für jemanden, der nicht weiß, womit er den Mais des nächsten Tages zahlt. Jedes Kind muss in der Schule eine Schuluniform tragen, eine gelbe Bluse und blaue Röcke oder Hosen. Das ist von den englischen Kolonialherren weiter übernommen worden. Die Kinder lernen in der Schule Englisch, sprechen zu Hause aber nur ihre Muttersprache. So haben sie nie einen engen inneren Bezug zu ihrer Schulsprache. Es ist die erste Entfremdung im Leben der Kinder.
In Kenia hat jede Klasse 45 Schüler, und in den Räumen gibt es keine Glasfenster und keine Türen, es ist viel zu heiß.
In der Malstunde wird auf die Rinde der Kokospalmen gemalt, denn es fehlt oft an Zeichenpapier.

Material: Rinde (evtl. von der Pappel), Fingerfarben, Schnitzmesser, Hammer, farbloser Lack
Alter: ab 3 Jahren (Vorarbeit durch Größere)

Die größeren Kinder können die Rinde von einem gefällten Baum oder Stammteil mit Schnitzmesser und Hammer vorsichtig lösen. Jetzt können die Rindenstücke als „Malpapier" dienen und auch die Kleineren können auf die Rinde z.B. Bäume oder Pflanzenstängel mit Fingerfarbe malen. Wenn die Farbe getrocknet ist, kann sie mit farblosem Lack fixiert werden.

Die Wolke und die Malve

Durch eine lange Trockenheit und Sonne die von Morgens bis Abends schien, ließ die Malve ihre Blätter hängen. Da sah sie eine Wolke die eilig über den Himmel flog. Die Malve rief „Wolke, die Dürre hat mir geschadet, sieh wie ich mich quäle. Bitte wirf mir doch einen Regentropfen herunter. Tust du es nicht, werden meine Knie nicht mehr gesund und ich muss sterben." Die Wolke antwortete „Ich bin in Eile. Warte bis ich zurückkehre, dann werde ich für dich regnen." Und sie zog weiter zu dem Ort, an dem sie regnen wollte. Die Malve wartete und wartete und ihre Wurzeln durchsuchten den Boden nach Wasser, aber fanden es nicht. Schließlich kam die Wolke zurück und überschüttete die Erde mit Wasser, bis die Flüsse über ihre Ufer traten. Doch für die Malve kam der Regen zu spät, sie war bereits vertrocknet.

Die schönen Blumen (Suahili, Tanzania)

Mauwa mazuri yapendeza
Ukiyatazana yanapendeza.
Mauwa mazuri yapendeza.

Seht ihr die schönen Blumen blühn
Blühn für dich und blühn für mich
Seht ihr die schönen Blumen blühn

Seht ihr die bunten Vögel ziehn
Fliegen hier und fliegen dort
Seht ihr die bunten Vögel ziehn

Seht ihr die schwarzen Wolken ziehn
Regnen hier und regnen dort
Seht ihr die schwarzen Wolken ziehn

Den Kindern das Lied vorspielen und fragen, ob es ihnen bekannt vorkommt. (Es ist die Melodie von „Ein Männlein steht im Walde").

Schulfernsehen

Die Kinder kennen aus größeren Orten oder Städten zwar Fernseher, aber nicht jedes Dorf hat einen und schon gar nicht jede Familie oder die Schule. Die Kinder behelfen sich mit einer Art Rollbilder.

Material: Tapetenrolle, 2 Stangen, 2 Stützen, große Pappe (ca. 50 cm x 65 cm), Farbe, Pinsel (oder Zeichenkohle), Schere, Schneidmesser
Alter: ab 4 Jahren (mit älteren Kindern)

In die Pappe wird von größeren Kindern oder Erwachsenen mit dem Schneidmesser ein bildschirmartiges Loch geschnitten. Nun wird die Pappe an zwei Stützen links und rechts befestigt. Zum Befestigen werden Löcher in den Rand der Pappe geschnitten und Band durchgezogen. Das Band wird dann an den Stützen angebunden. Als Stützen sind Schaukelpfeiler bzw. in den Boden gerammte Pfähle oder Stangen möglich. Die Tapetenrolle wird auf die Stangen gesteckt, die direkt hinter den Stützen aufgestellt sind. Jetzt kann die Tapetenrolle hinter dem Bildschirm ab- und auf der anderen Seite mit einer zweiten Stange wieder aufgerollt werden.

Die Bildergeschichte wird von den 6- bis 7-Jährigen auf die Tapetenrolle aufgemalt:

1. Bild: Ein Dorf, Hütten, Bäume, ein Mädchen, das wartet.
2. Bild: Im Dickicht ein Junge, der pfeift. Ganz wenig sichtbar eine Schlange.
3. Bild: Das Mädchen ist auf den Jungen zugelaufen und er schenkt ihr eine Blüte des Yasminbaumes, die gut duftet. Die Schlage beobachtet alles.
4. Bild: Der Junge und das Mädchen gehen in verschiedene Richtungen davon, mitten im Bild sehr groß die Schlange.
5. Bild: Wie 1. Bild, nur ist es der nächste Tag.
6. Bild: Statt des Jungen pfeift die Schlange.
7. Bild: Das Mädchen läuft ins Dickicht, die Schlange packt es.
8. Bild: Nur Dickicht; das Mädchen und die Schlange sind verschwunden.

Für die kleineren Kinder wird Bild für Bild auf dem „Fernseher“ abgerollt, so dass eine zusammenhängende Geschichte entsteht. Nach dem Ansehen aller Bilder kann die Geschichte in Worten erzählt werden. Frage: Warum erzählen die afrikanischen Kinder sich wohl solche Geschichten?

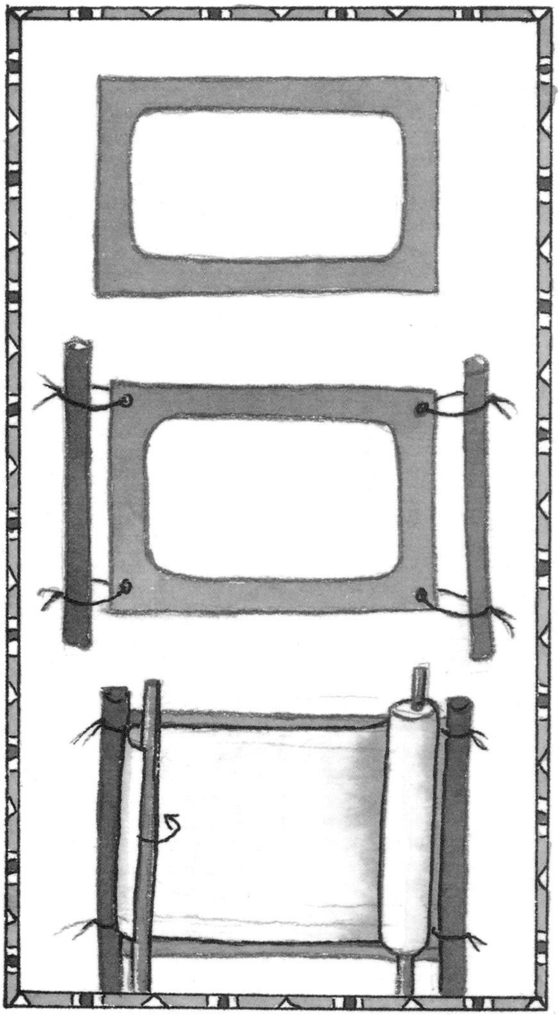

Wippe

Aus einfachsten Materialien bauen die Kinder eine Wippe: aus einem Stein und einem Brett.

Material: Stein, festes Brett, evtl. 2 Quietschbälle, Kleber
Alter: ab 4 Jahren

Über einen Stein ein Brett legen. Sitzend oder stehend wippen. Vielleicht können wir das Gerät zu einer Wipp-Maschine weiterentwickeln und einen Quietschball unter die Sitzflächen kleben. Bei Bodenberührung quietscht die Maschine.

Reifenrollern

Die Dinkas im Süden des Sudan sind sehr arm. Während der Trockenzeit leben und schlafen sie im Freien. Sie besitzen kein einziges Kleidungsstück, ihre Haut ist immer schlohweiß. Das kommt daher, weil sie nachts auf der Asche von verbranntem Dung und Zweigen schlafen, denn es ist das Einzige, das wärmt. Die Kinder besitzen nur ein Spielzeug: Reifen, die sie rollen - sonst nichts.

Material: Reifen; als Hindernisse: Bälle, Tücher, Seile, Blätter, Sand
Alter: ab 3 Jahren

Eine Hindernisstrecke aus Bällen, Tüchern, Seilen, Blättern, Sand usw. aufbauen.
Die Kinder stellen sich in zwei Reihen hinter der Startlinie auf.
Auf ein Zeichen rollt das erste Kind aus jeder Reihe seinen Reifen über die Hindernisse. - Wichtig: Nicht um die Hindernisse herum! Sind alle Hindernisse einmal überrollt worden, läuft das Kind mit dem Reifen zurück und übergibt ihn dem nächsten Kind seiner Gruppe.
Für dieses Spiel sind Geschicklichkeit und Durchhaltevermögen nötig!

Schaukeln

Die afrikanischen Kinder werfen ein Seil über einen Baumast - und fertig ist die Schaukel.

Material: dickes Seil, Baum oder Klettergerüst, evtl. Teppichstange
Alter: ab 3 Jahren

Ein Seil über einen stabilen Ast werfen und einzeln oder huckepack daran pendeln, bis das Pendel stillsteht.

Tausendfüßler
(Tonga, Zambia)

Ihr kennt doch alle den Tausendfüßler. Vielleicht kennt ihr sogar ein Lied über seine tausend Füße. Die Kinder der Tonga in Zambia, im Süden Afrikas, lieben den Tanz des Tausendfüßlers. Sie stehen sich in zwei Reihen gegenüber, die Mädchen auf der einen Seite, die Jungen auf der anderen. Alle singen gemeinsam. Zum Takt der Trommeln gehen dann das Mädchen und der Junge, die sich direkt gegenüberstehen, aufeinander zu. Sie haken sich ein und tanzen gemeinsam in der Mitte. Nach einer Weile lösen sich die zwei Kinder voneinander, gehen zurück in die Reihe und das nächste Paar beginnt zu tanzen. Nicht weit entfernt stehen die Eltern. Sie möchten sehen welche Kinder miteinander tanzen. Sie wollen wissen welches Mädchen sich mit welchem Jungen besonders gut versteht. Vielleicht werden sie ja dann in einigen Jahren heiraten.

Two by two - katapila	du und ich - Tausend Füße
juw kwata juw	Komm hak dich ein

Geister

Nachdem die Kinder von der Schule oder aus dem Kindergarten nach Hause gekommen sind, erzählen sie sich gern Geistergeschichten. Vor Geistern und Verrücktem, vor allem, was unvorhersehbar und unberechenbar ist, haben sie am meisten Angst. Sie setzen sich im Kreis und versuchen einander mit Gruselgeschichten zu übertrumpfen. Weil es nicht wirklich ist, sondern nur in ihrer Fantasie geschieht, oder weil sie da mit „heiler Haut“ davonkommen, haben sie den größten Spaß. Doch solche Geschichten werden nie bei Dunkelheit erzählt, weil sich die Kinder schon bei Helligkeit zu sehr gruseln.

Material: Eisbeutel, Staubwedel, Katzenfell, Aufziehmaus usw.
Alter: ab 6 Jahren

Alle sitzen im Kreis. Die Spielleitung beginnt: „Ich will euch eine ganz gruselige Geschichte erzählen. Der Nachbar meiner dritten Schwester mit Namen Xkou-goa-Xob, das heißt soviel wie 'mitgeladen und mitgestorben', war vor einiger Zeit zur Jagd eingeladen. Er ging mit einem Männertrupp weit ins Ovamboland. Von dort ist er bis heute nicht zurückgekehrt. Entweder wurde er von Fremden erschossen oder mit Pfeilen erlegt, oder aber vom Löwen gefressen. Aber heute, als die Sonne senkrecht stand und keinen Schatten warf, hab ich seinen Schatten gesehen. Den Schatten des Nachbarn Xkou-goa-Xob. Er streifte an meinem Arm vorbei, so dass mein Arm eiskalt wurde - so etwa ...“ (mit einem Eisbeutel über die Arme der Kinder streichen).

Die zweite Geschichte beginnt folgendermaßen: „Ich will euch eine ganz gruselige Geschichte erzählen. Unser Hund Wowa ist über Nacht einem Zauberer begegnet. Der hat ihn in eine riesengroße Heuschrecke verwandelt. Die Heuschrecke hat Beine, lang wie Kirchtürme ...“ (hier evtl. mit einem Staubwedel berühren) Ein Kind der Gruppe erzählt diese Geschichte zu Ende!

Die weiteren Geschichten können immer so beginnen: „Ich will euch eine ganz gruselige Geschichte erzählen... (Utensilien bereitlegen, mit denen die Erzählungen unterstützt werden können, z.B. Haushaltrolle zum Hineinblasen, Taschenlampe für plötzliches grelles Licht, Katzenfell, Aufziehmaus, Ratsche usw.)

Fahrradverleih

In vielen Orten Nigerias gibt es Fahrradverleiher für Leute, die sich kein eigenes Rad leisten können. Wenn die Jungs ein wenig Taschengeld zusammengespart haben, machen sie sich gerne einen Spaß. Sie leihen für fünf Kobos (sprich „o" wie in „offen") ein Fahrrad aus und dürfen dafür ein Viertelstündchen fahren. Sie aber wollen bis ans Ende der Welt rasen, denken gar nicht an den Verleiher und kommen erst nach einem halben oder ganzen Tag zurück. Der Verleiher ist wütend und wartet schon auf sie, und wenn er sie erwischt, nimmt er ihnen zur Strafe das Hemd ab. Weil die Kinder davor Angst haben, springen sie einige Meter vorher schnell vom Rad, und schieben es dem Fahrradverleiher zu. Dieser muss sehen, dass er das Rad heil abfängt, damit es nicht kaputt geht. Also verfehlt er die Kinder.
Beim nächsten Mal müssen sich die Kinder einen anderen Verleiher im Nachbarort suchen. (10)

Material: Fahrräder (oder Roller)
Alter: ab 4 Jahren

Ein Kind spielt den Fahrradverleiher und die anderen kommen und leihen sich ein Rad:

- „*Leihen Sie mir bitte ein Rad.*"
- „Das kostet einen Groschen."
- „*Bitte.*"
- „Dafür darfst du eine Viertelstunde fahren. Das sind drei Runden. Sonst kostet es dein Hemd."

Nachdem die Kinder mit ihrem Rad drei Runden gefahren sind, passt der Fahrradverleiher gut auf. Ab der vierten Runde droht er den Fahrern. Diese steigen dann vom Rad ab. Sie versuchen, dem Verleiher das Rad hinzuschieben, ohne dass er sie erwischen kann.

Wenn der Verleiher aber ein Rad und gleichzeitig einen Fahrer festhält, muss dieser sein Hemd hergeben.

Beine, Ohren, Haare, Hals ...

Alter: ab 4 Jahren

Die einzelnen Körperteile werden hintereinander aufgezählt und mit den Händen angefasst. Bei den Kiswahili-Wörtern wird immer die vorletzte Silbe betont. (unterstrichen).

Beine	Miguu
Ohren	Masikio
Haare	Unywele
Hals	Shingo
Nase	Pua
Augen	Macho
Mund	Kinywa

Die Benennung der Teile erfolgt immer wieder von vorn und wird immer schneller. Keiner soll sich dabei verhaspeln! Zuerst nur in Deutsch. Dann das Gleiche in Kiswahili.

Namen

In Benin, Togo, der Elfenbeinküste und Ghana haben die Mädchen und Jungen Namen, die sich nach den Wochentagen richten. Gibt es aber mehrere Töchter und mehrere Söhne in einer Großfamilie, haben die ältesten immer dieselben Namen und die Zweit- und die Drittgeborenen usw.
Es gibt ein System, das für ein ganzes Jahr aufschlüsselt, wie ein Mädchen oder ein Junge heißen muss. Hört man also einen Namen, braucht man nur in der Tabelle nachsehen, und weiß seinen Geburtstag und sein Geburtsjahr sowie die Rangfolge der Geburt. Niemand kann sich einen Namen einfach ausdenken. Sehr begüterte Familien weichen allerdings von der Vorgabe ab, um ihren Status klarzustellen. Oft haben die Kinder aber auch französische oder englische Namen, deren Herkunft noch aus der Kolonialzeit stammt, und die gar nichts mit den Wochentagen zu tun haben.

Material: Bogen DIN A1 oder Tapete, Filzstift, Klebestreifen, Schere
Alter: ab 3 Jahren

Die Tabelle abschreiben und an einer Wand mit Klebestreifen befestigen.
Die Kinder finden heraus, wie sie heißen würden, wenn sie in Afrika geboren wären. Dazu müssen sie den Wochentag ihrer Geburt wissen. Entweder über die Eltern in Erfahrung bringen lassen oder mit einem „immerwährenden" Kalender berechnen.

Beispiel für eine Woche

	Mädchen	Jungen
Montag	Adwoa/Ajo	Kojo
Dienstag	Abenaa	Kobina
Mittwoch	Akuwa	Kwaku
Donnerstag	Yaa	Ywa/ Yao
Freitag	Afia	Kofi
Samstag	Ama	Kwame
Sonntag	Akosva	Kwasi

Akaramata - Hüpf- und Hinkelspiel

Dieses Spiel stammt aus Rwanda. Es wird von Mädchen und von Jungen gespielt.

Material: kleines Holzstück
Alter: ab 5 Jahren

Zuerst werden rechteckige Kästchen auf den Boden gemalt (s. Abb.). Der erste Spieler wirft das Stöckchen in das erste Kästchen rechts unten. Dann hüpft der Spieler auf einem Bein hinterher. Jetzt schubst er mit dem „Hüpfebein" das Hölzchen vorwärts, dass es im nächsten Kästchen darüber landet. Dabei darf es auf keiner gemalten Linie liegen. Wieder wird hinterhergesprungen, auch hier darf keine Linie berührt werden. Ist die rechte Seite der Kästchen durchsprungen, geht es oben links wieder abwärts. Die zweite Tour beginnt mit einem Wurf des Hölzchens ins zweite Kästchen unten rechts. Jetzt wird auch mit einem Sprung sofort dieses Kästchen angesprungen. Die Tour wird genau wie die Erste weitergeführt. Die dritte Tour beginnt mit einem Wurf ins dritte Kästchen, in das dann auch zu springen ist usw. Bei einem Fehler wird das Spiel an den nächsten abgegeben. Die Fortführung beginnt dort, wo ein Fehler gemacht wurde. (11)

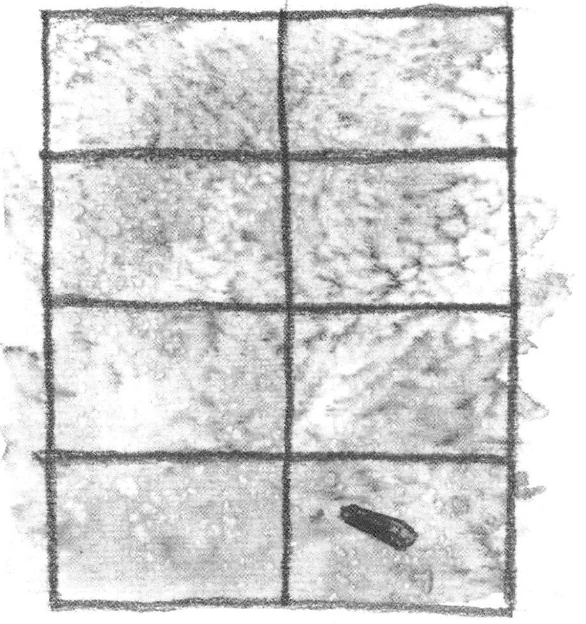

Kommt schnell her (Luganda, Uganda)

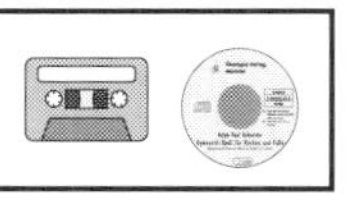

Wie in Deutschland gab es auch in Afrika früher Könige. Es gibt ein altes Lied aus dem Königreich Buganda, das die Kinder heute noch gerne mögen. Sie sitzen im Kreis, klatschen und singen. Zum Klang der Trommeln tanzen einige Kinder in der Mitte und fordern ihre Freundinnen und Freunde auf doch mit ihnen zu spielen.

Banange, Banange Namo La Ngala Kaputi Namo La Ngala Namo La Angala	Kommt schnell her, her zu mir Lasst uns doch zusammen spielen Spielen mit nem Ball, spielen mit nem Ball
	Spielen mit nem Stock
	Spielen mit nem Stein

Vom Land in die Stadt

Ein Bruder ist wie eine Schulter.
(Sprichwort der Somali)

Die schnelle Bevölkerungszunahme, die Abnahme von Anbau- und Weideflächen und die damit wachsenden Ernährungs- und Beschäftigungsprobleme auf dem flachen Lande veranlassen viele, in die Stadt abzuwandern. Dies betrifft vor allem junge Männer, die hoffen, in der Stadt Arbeit zu bekommen, ein angenehmes Leben zu führen oder auch zu heiraten. Damit entziehen sie den Dörfern Arbeitskräfte, was letzten Endes dort produktivitätshemmend wirkt. Eine Ursache der Landflucht ist auch, dass sie dem oft strengen Familienverband zu entfliehen versuchen. Nach dem Motto „Stadtluft macht frei“ wollen sie in der Anonymität untertauchen. Dieser Prozess der Landflucht ist mit ähnlichen Prozessen im Europa des vergangenen Jahrhunderts vergleichbar.
Im Gegensatz zu Europa sind es weniger die kleinen Städte, die diese ungeheure Anziehungskraft ausüben, sondern zum einen die Hauptstädte, die als Administrations-, Wirtschafts- und Kulturzentren Entwicklungsmöglichkeiten verheißen, zum anderen die Städte in den Bergbaugebieten Zentral- und Südafrikas, die mit Arbeit locken.
Und so ist zu verzeichnen, dass diese Städte, die meist von der Kolonialadministration gegründet wurden und kaum älter als 100 Jahre sind, heute oft mehrere Millionen Einwohner haben und mittlerweile manche europäische Großstadt in dieser Beziehung übertreffen.

Die Möglichkeiten, in der Stadt Arbeit zu bekommen, sind sehr begrenzt, da die schwache wirtschaftliche, insbesondere die industrielle Entwicklung, nur sehr wenig Arbeitsplätze schafft. Dadurch sind die Städte von verarmten Arbeitsuchenden gekennzeichnet. Andererseits ist der Dienstleistungssektor hoffnungslos überfüllt und es sind Unmengen von kleinsten und kleinen Händlern zu sehen, die oft schon mit ganz geringen Mengen, z.B. zwei bis drei Zigaretten oder einigen Erdnüssen u.Ä. versuchen, etwas Geld zu verdienen. Viele können ihre Hoffnungen in den Städten nicht erfüllen und kehren deshalb enttäuscht in ihre Dörfer zurück.

Um das Überleben in der Stadt zu sichern, bleibt fast nur die Möglichkeit, Unterschlupf in den Stadtvierteln zu suchen, wo schon Familien- oder Dorfmitglieder wohnen, zumindest solche, die zur gleichen Völkerschaft gehören. Dies geschieht oftmals in den Vororten und Außenbezirken, wo aber fast alles an sanitärer und hygienischer Ausstattung fehlt und der Slumcharakter häufig nicht zu übersehen ist; zahlreiche Krankheiten wuchern in diesen Stadtteilen und die Kriminalität erreicht eine hohe Quote. Dort fühlen sich viele trotzdem heimisch, sie bekommen eine Schlafgelegenheit und etwas zu essen. Die Not hat es mit sich gebracht, dass das System der traditionellen Solidarität und Hilfe sowie des Zusammenlebens, das jahrhundertelang in den Dorfgemeinschaften und Familienverbänden funktionierte, mehr oder weniger in die Stadt übernommen wurde. So sind die Stadtwanderer auf der einen Seite von der strengen Bevormundung befreit, müssen sich aber auf der anderen freiwillig gewissen Zwängen, Sitten und Normen unterwerfen. Es ist nicht selten, dass ein Mann für den Unterhalt von 20, 30, 50 ja bis zu 100 Menschen aufkommt.

Die Stadt bietet den jungen Männern und Frauen sowie den heranwachsenden Kindern jedoch Möglichkeiten, die im Dorf kaum oder nur in geringem Umfang existieren. Auch in dieser Hinsicht unterscheidet sich Afrika nicht von Europa oder anderen Kontinenten. Dies betrifft neben der Architektur, Kleidung, Essgewohnheiten sowie anderen Berufsbildern und Arbeitsmöglichkeiten vor allem die breite Palette des kulturellen Angebots.

Es ist unübersehbar, dass die Elemente, die eine moderne Gesellschaft ausmachen, mehr oder weniger entwickelt anzutreffen sind, wobei in den meisten Staaten versucht wird, Traditionelles einzubinden und zu thematisieren. Musik, Tanz, Film, Literatur, bildende Kunst und Feste drücken das Suchen nach eigener Identität und Nationalstolz aus.

Auch die Massenmedien haben in den letzten Jahrzehnten eine rasante Entwicklung genommen. Dabei gab und gibt es jedoch einige Probleme zu überwinden. Durch die Sprachenvielfalt, die relativ geringe Alphabetisierungsquote und die noch ungenügende Versorgung mit elektrischem Strom muss eine große Flexibilität aufgebracht werden, um die Bürger zu informieren. Fernsehen, das auch in Farbe und selbst als Schulfernsehen existiert, die Buchproduktion oder Zeitungen (Papier, Druck, Verteilung, Lesen) sind deshalb nicht immer geeignet und erreichen nur eine begrenzte Anzahl von Menschen. Der Rundfunk hingegen ist unabhängig, da Transistorradios mit Batteriebetrieb benutzt werden können, und deshalb für Afrika wegen der genannten Gründe z.Zt. noch am günstigsten. Und so verwundert es nicht, dass über 75 Prozent der Bevölkerung Radio hören, das auch in verschiedenen Sprachen in den einzelnen Ländern sendet, je nach ethnischer Herkunft der Bevölkerung. Eine Überfremdung mit westlichen Leitbildern und Meldungen zuungunsten der eigenen Region sind dabei allerdings nicht selten.

Bei allen Problemen des Analphabetentums und der Entwicklung des Schulwesens sind gewisse Erfolge nicht zu übersehen. Dies gilt auch für die höhere Bildung; in vielen Staaten existieren heute Universitäten mit vielen Fakultäten, an denen Fachleute – neben dem Studium im Ausland – für den heimischen Bedarf ausgebildet werden. Negativ dabei ist, dass viele der Absolventen anschließend in westliche Länder arbeiten gehen, da es dort verlockende Angebote gibt (brain drain - wörtl.: Wanderung der Gehirne) und sie so ihre Potenzen ihrem Heimatland entziehen.

Der Onkel aus der Stadt

(Ein Gespräch aus Kenia)

Viele junge Männer gehen aus ihren Dörfern weg und suchen in der Stadt Arbeit. Sie hoffen, ihre Familien damit besser ernähren zu können.

Tawanda: Ich suche ein Zimmer oder eine Wohnung. Sagen Sie mir mal, wie ich eine Wohnung bekommen kann. Und wie hoch sind die Mieten?
Aliko: Man geht zum Besitzer, und man fragt ihn, ob er eine Wohnung frei hat. Die Miete kostet 85 Schillinge.
Tawanda: Gibt es Beleuchtung oder elektrisches Licht in der Wohnung?
Aliko: Nein, es gibt kein Licht in der Wohnung.
Twanda: Wie ist das denn mit der Schule? Wie kann ich eine Schule für meine Kinder finden?
Aliko: Die Schule ist sehr weit. Man fährt mit dem Bus hin. Aber wenn man kein Geld hat, ist das sehr schwierig, denn man kann nicht hinlaufen, das ist zu weit.
Tawanda: Und Wasser, habt ihr Wasser in eurer Wohnung?
Aliko: Nein.
Tawanda: Wenn ich zum Beispiel mit meinem Bruder zusammen in der Wohnung wohnen will, und er hat keine Arbeit, was sagt dann der Vermieter?
Aliko: Der Vermieter kann ablehnen, wenn dein Bruder keine Arbeit hat. Aber er kann es auch eine Woche dulden, danach tut er es nicht mehr
Tawanda: Wie helft ihr denn eurem Bruder und euren Geschwistern, wenn sie bei euch mit wohnen wollen, weil es nicht so viele Wohnungen gibt, die billig sind?
Aliko: Der Vermieter erlaubt nur, dass mein Bruder eine Woche bleibt, danach möchte er, dass er weggeht. Denn der Vermieter meint, dass es nicht gut ist, so viele Leute in der Wohnung zu haben.
Tawanda: Aber was kann man dann tun?
Aliko: Da haben wir schon Möglichkeiten. Wir helfen uns gegenseitig, wenn wir können. Wir sagen dann: gut, jetzt übernachtest du eine Woche bei deinem anderen Bruder, und dann kannst du wieder eine Woche bei mir schlafen. Danach gehst du eine Woche zum Nachbarn und so weiter. Ja, das tun wir. So können wir uns gegenseitig helfen. Wir denken nicht nur an unseren eigenen Kummer, sondern auch an die Sorgen von unseren Brüdern und Schwestern.
Tawanda: Wie steht es hier überhaupt mit der Elektrizität? Gibt es irgendwelche Pläne in dieser Richtung?
Aliko: Nein, solche Pläne gibt es hier nicht.
Tawanda: Noch einmal zum Wasser. Sollen keine Wasserleitungen gebaut werden?
Aliko: Nein... Es gibt Wasserstellen. Unsere Frauen holen dort das Wasser an den Brunnen oder an den Wasserlöchern. Aber das Wasser muss bezahlt werden. Jeder Eimer kostet 30 Cent. Das ist viel, wenn man kein Geld hat.
Tawanda: Ich möchte noch mal auf die Schule zurückkommen. Mein Kind soll zur Schule gehen.
Aliko: Also das ist wirklich sehr schwer. Das Kind muss mit dem Bus fahren. Der Bus fährt die Kinder von der Hauptstraße zur Schule. Aber von hier bis zur Hauptstraße muss es laufen. Gestern hat es geregnet, und dann ist hier alles voll Schlamm. Dann kann das Kind nicht zur Schule gehen. Ja, das passiert bei uns sehr oft. Ja, wir sind arm. Wir sind die „Spinatesser“. Aber wir lachen über uns selbst. Wir haben kein Geld, aber wir müssen die Wohnung bezahlen, müssen das Wasser bezahlen und wollen noch essen. Ja, das ist wirklich schwer. (12)

Tierbewegungen nachahmen (Ratespiel)

In den Geschichten, die die Großväter den Kindern erzählen, kommen viele Tiere vor. Dabei sitzen alle im Kreis und die Kinder erkennen an den Nachahmbewegungen, welches Tier gemeint ist. So lernen sie typische Verhaltensweisen kennen und sich in die Tiere hineinzuversetzen. Das ist oft wichtig für das Überleben im Busch.

Alter: ab 3 Jahren

Die Kinder sitzen im Kreis und erraten welche Tiere in der Kreismitte dargestellt werden.

Beispiele

Strauß: rechten Arm steil hochrecken und Hand umwinkeln (Straußenkopf mit schnellen Bewegungen des Kopfes), Po herausstrecken und linken Handknöchelrücken oben anlegen (Federkleid), „Federkleid“ am Po schütteln; plötzlich schnell losrennen

Elefant: linke Hand fasst an die Nase, rechter Arm wird als Rüssel durch die linke Beuge gesteckt; Wiegebewegungen nach links und rechts; Beschnüffeln der Sitzenden; Sand über den Rücken werfen; dicht neben die Kinder treten und sie trotzdem nicht treten

Springhase: Knie etwas einknicken, beide Hände unter dem Kinn zusammenführen und nach unten winkeln; mit geschlossenen Beinen so weit wie möglich springen (wie ein Miniatur-Känguru).

Schuhschnabel: über jede Hand einen Schuh ziehen; Arme vor dem Körper lang ausstrecken, Handflächen zueinander drehen und „klappern“, indem die Schuhsohlen aufeinander geschlagen werden; mit Stockbeinen durch „Wasser waten“ und „stundenlang“ stehen; plötzlich nach einem „Fisch“ schnappen, hochwerfen und klappernd „verschlucken“

Schlange: auf die Erde legen und sich vorwärtsschlängeln; zum Knäuel zusammenrollen

Affe: auf allen Vieren laufen, dabei die Hände so abknicken, dass man fast auf dem Handrücken läuft; sich aufstellen, am „Fell zupfen“ und etwas in den Mund stecken; mit den Händen auf den Bauch trommeln; auf allen Vieren fortspringen; evtl. an nahehängendem Seil oder Pfahl hochklettern

Gummistiefeltanz

Der Gummistiefeltanz ist der bekannteste Tanz Südafrikas. Er hat seinen Namen nach den schweren Gummistiefeln, die ein Team von Männern zum Tanzen trägt, und die mit diesen stampfen, stoßen, klatschen und die Hacken zusammen schlagen. Der Tanz besteht aus mehreren Elementen, und wenn der Teamführer den ·Wechsel ausruft, meist mit „Attention!" (Achtung!), tanzen alle völlig synchron das nächste Element. Alle Elemente stützen sich auf einen starken Grundrhythmus, der heute meist ohne Instrumente abläuft.

Der Ursprung dieses Tanzes ist nicht ganz eindeutig belegt. Er soll nach der Annahme einiger Forscher mit der Entdeckung von Gold und Diamanten in den Bergwerken von Transvaal zusammenhängen. Nach der Arbeit in den dunklen, gefährlichen Minen, weit weg von zu Hause, war es für die afrikanischen Männer wie ein Ausweg, ihre traditionellen Tänze, auch abgewandelt in Stiefeln, auszuführen. Das gab ihnen die Kraft zum Durchhalten. Die Reglementierung durch den Teamführer zeigt die Verbindung zur strengen Arbeit, z.B. seine Rufe: „Links - Rechts" oder „Achtung" oder „Polizei".

Die weißen Bergwerksbosse förderten den Gummistiefeltanz, um die Moral der Arbeiter zu heben und organisierten sogar große Wettbewerbe und Preise zwischen verschiedenen Orten.

Im heutigen Südafrika ist der Tanz zur südafrikanischen Identität geworden, und wenn jemand Arbeit sucht, ist die Tatsache, dass er Gummistiefeltänzer ist, manchmal der letzte Ausschlag dafür, dass er die Arbeit auch bekommt.

Material: pro Person: 1 Paar Gummistiefel
Alter: ab 4 Jahren

ELEMENT 1

Alle Kinder stehen im Kreis. Ein Kind (am Anfang die Spielleitung) wird als Teamleitung bestimmt. Es gibt mit dem Ruf „Gumboot - Attention!" (oder: Gummistiefeltanz - Achtung!) für alle das Zeichen zu beginnen und zeigt die einzelnen Schritte, die die Gruppe sofort nachmacht:

- Rechtes Bein anwinkeln und mit beiden Händen gleichzeitig links und rechts an den rechten Stiefel klatschen, patschen oder schlagen (1x).
- Rechtes Bein absetzen und linkes Bein hinter stehendes rechtes Bein seitlich heben und an Innenkante von linkem Fuß mit rechter Hand patschen.
- Linkes Bein vorkicken, und mit angewinkelten Armen unterstützen. Dann gerade stehen und von vorn beginnen. Tempo kann gesteigert werden.

ELEMENT 2

Alle stehen im Kreis (oder als Block hintereinander, der Vortänzer hat der Gruppe das Gesicht zugewandt). Der Vortänzer ruft „Attention - Number two!" (Achtung - Nummer zwei) und die Gruppe führt alle Vorgaben synchron mit ihm aus:

- Arme vorstrecken in Brusthöhe und 1x in die Hände klatschen.
- Linkes Bein hinter rechtes Bein angewinkelt seitlich heben und an Innenkante vom linken Fuß mit rechter Hand 1x patschen
- Arme vorstrecken in Brusthöhe und 1x in die Hände klatschen.
- Rechtes Bein hinter linkes Bein angewinkelt seitlich heben und an Innenkante vom rechten Fuß mit linker Hand 1x patschen
- Arme vorstrecken in Brusthöhe und 1x in die Hände klatschen.
- Wie ein Pferd mit rechtem und linkem Bein am Platz auftrampeln. Soll das Element wiederholt werden, ruft der Vortänzer: „repeat!" (wiederholen).

ELEMENT 3

Alle stehen im Kreis oder im Block, die Teamleitung steht bei der Blockstellung vorn, der Gruppe gegenüber.

Nach dem Ruf „Attention - Number three" (Achtung - Nummer 3) führt die Gruppe die vorgegebenen Bewegungen synchron durch:

- In beide Hände klatschen.
- Rechten Oberschenkel heben und mit rechter Hand 1x drauf klatschen.
- In beide Hände klatschen.
- Linken Oberschenkel heben und mit linker Hand 1x drauf klatschen.
- In beide Hände klatschen.
- Rechten Oberschenkel heben und mit rechter Hand 1x drauf klatschen.
- Weil es auf dem rechten Bein endet, wird jetzt mit diesem Bein 2x aufgestampft Wieder von vorne beginnen. Aber nach dem Händeklatschen ist jetzt das linke Bein zuerst an der Reihe, und somit endet die ganze Passage auch auf links. Das heißt, zum Schluss wird mit dem linken Bein 2x aufgestampft.

Mit dem Ruf „repeat!" (wiederholen) kann das Element 3 mehrmals wiederholt werden.

ELEMENT 4

Dieses Element heißt „I love you" und wird zu zweit getanzt. So träumen die Männer von ihren Frauen zu Hause.

- Zwei Kinder stehen seitlich nebeneinander, Schulter an Schulter.
- Arme in der Luft angewinkelt halten.
- Rechtes Bein etwas hoch (angewinkelt) und außen mit rechter Hand auf rechten Stiefel klatschen.
- Linkes Bein hinter rechtes Bein angewinkelt heben und an Innenkante vom linken Fuß mit rechter Hand patschen.
- „Bump" rufen und dabei mit den Po's aneinander stoßen. Bei dem Ruf „repeat" (wiederholen) kann auch Element 4 mehrmals wiederholt werden.

Alle vier Elemente können als Gesamtheit aneinander gereiht werden.

Hoffnungen in der Stadt

(Ein Erlebnisbericht aus Kenia)

Ein junger Afrikaner erzählt:
"Ich wurde 1952 geboren. Als ich acht Monate alt war, starb mein Vater. Wir waren vier Kinder, zwei Mädchen und zwei Jungen. Unsere Mutter kümmerte sich dann allein um uns. Als Vater starb, hatte es unsere Mutter sehr schwer. Unser Feld wurde vom Bruder meines Vaters übernommen. Meine Mutter tat alles, um mich zur Schule schicken zu können. Sie arbeitete für andere Leute auf den Feldern, um das Geld für unser Essen und für die Schule zusammen zu bekommen. Aber es war zu wenig. Ich musste die Schule verlassen und arbeitete dann auch für andere Leute auf den Feldern, um etwas Geld zu bekommen. Das wurde für Schulgeld und für eine Schuluniform gespart. So konnte ich wieder zu Schule gehen. Ich ging bis zur siebenten Klasse, aber ich beendete die siebente Klasse nicht, wir hatten einfach nicht das Geld dazu. Also blieb ich zu Hause und suchte Arbeit. Mein Bruder half mir dabei. Aber es war unmöglich, auf dem Lande Arbeit zu finden. Ich wollte ja schon immer Kaufmann, Schreiber oder Lehrer werden. Aber das war nur ein Traum. Ich hatte ja nur die siebente Klasse und keine richtige Bildung oder Ausbildung.
Deshalb beschloss ich, bis in unsere Hauptstadt nach Nairobi zu gehen und Arbeit als Kaufmann oder Arbeit in einem Büro eines großen Mannes zu bekommen. Es war aber schwierig, solch eine Arbeit zu finden. Ich kam nach Nairobi und begann mit der Suche. Ich ging zu den Ämtern und zu den Ministerien. Immer wurde mir gesagt, dass es keine Arbeit gibt. Ich ging zu den Fabriken. Dort standen Wächter mit großen Hunden und Stöcken. Auch wenn an den Toren stand, dass es keine Arbeit gibt, ging ich rein. Ich wurde nie wie ein Mensch behandelt, ich wurde wie ein Hund behandelt.
Ich wohnte bei Bekannten und bei Freunden. Manchmal konnte ich eine Woche dableiben, dann war ich wieder bei jemand anderem. So konnte es nicht weitergehen. Keine Arbeit und keine Wohnung. Zwei Jahre war ich ohne Arbeit. Auch wenn ich wieder nach Hause auf das Land gehen würde, es hätte keinen Sinn gehabt. Alle hätten geglaubt, ich bringe Geld mit. Und ich hatte doch keins.
Schließlich ging ich zur NCCK. Das ist eine kirchliche Organisation, die Werkstätten betreibt. Ein Freund hat mir davon erzählt. Ich bekam eine Stelle als Schreinerlehrling. Und war sehr glücklich. Jetzt bin ich 26 Jahre, verheiratet, habe ein Kind und bin Schreinerlehrling.
Monatlich verdiene ich 400 Schilling, das sind 130,00 Mark. Das Geld, das ich verdiene, reicht nicht aus. Mit diesem Geld muss ich sechs Leute ernähren: meine Frau, einen nahen Verwandten von mir aus Nairobi, der ohne Arbeit ist, meine Schwester, die hier ist, und auch sie hat keine Arbeit, und dann muss ich meiner Mutter noch Geld schicken, denn sie betreut unser Kind.
Manchmal ist das Leben hier in Nairobi für mich unbegreifbar. Ich muss immer die gleichen Kleider anziehen, die ich auch bei der Arbeit trage. Ich habe nichts zum Wechseln. Auch wenn sie verschwitzt sind. Oft kommen andere Leute zu mir , die ich von früher aus meinem Dorf kenne, und sie wollen dann auch bei mir wohnen, denn sie haben keine Unterkunft und keine Arbeit. Ich würde es nicht übers Herz bringen, sie wegzuschicken.
Manchmal denke ich, nein, das kann nicht mehr so weitergehen. Die Preise in den Geschäften steigen und steigen, nur die Gehälter bleiben immer die gleichen. Es bleiben: 400 Schilling." (13)

Zur Natur und Umwelt Afrikas

Klein ist das Eichhörnchen,
aber es ist kein Sklave
des Elefanten.
(Sprichwort der Bornu)

Jährlich begeben sich viele Deutsche in den Wintermonaten per Flugzeug in den Süden, um dort ihren Urlaub zu verbringen. Ein großer Teil entscheidet sich für jenes Afrika, das südlich der weltgrößten Wüste, der Sahara, liegt, denn dort kann man einerseits Sonne tanken und andererseits wunderschöne Landschaften sowie eine mannigfaltige und exotische Tier- und Pflanzenwelt bewundern.
Ob in den tropischen Regenwäldern oder den ausgedehnten Savannengebieten, überall existiert eine reiche Artenvielfalt, wobei Landschaft, Pflanzen und Tiere ein stimmiges System bilden, das allerdings durch das Eingreifen des Menschen mittlerweile stark gefährdet ist oder schon nicht mehr funktioniert.
Das, was die meisten Touristen interessiert, sind meist die in den Savannengebieten lebenden großen Tiere, obwohl es auch viele kleinere Tiere, Vögel, oder Insekten zu bewundern gibt.
Um die Tiere zu schützen und den Tourismus unter Kontrolle zu halten, wurden in vielen Ländern Nationalparks geschaffen, in denen Wildhüter arbeiten. Die bei uns wohl bekanntesten sind der Serengeti-Nationalpark in Tanzania, der Amboseli-Nationalpark in Kenia und der Krüger-Park in Südafrika.

In einem Auto können sich die Touristen auf Tuchfühlung mit den wilden Tieren begeben, denn diese sind an die Autos gewöhnt. Aussteigen sollte man jedoch nicht. In Afrika findet man bis auf wenige Ausnahmen, z.B. Tiger, so gut wie alle großen Tiere, die in den Tropen oder Subtropen heimisch sind. Die Tiere werden in Herbivoren, das sind Pflanzenfresser, und Carnivoren, d.h. Fleischfresser, unterschieden.

Die Pflanzenfresser

Die Pflanzenfresser ernähren sich von Gräsern und anderen kleinen Pflanzen oder Blättern, Zweigen und der Rinde der Bäume. In den meisten Gebieten wandern die Tiere der Vegetation nach, die entsprechend der Regenfälle sprießt. In Ostafrika wandern z.B. ca. 1,5 Millionen Gnus jedes

Jahr etwa 3000 Kilometer nach Norden zum Viktoria-See ins Masai-Mara-Gebiet. Später kehren sie wieder zurück.

Eine der Ausnahmen bei den Nationalparks bildet der erloschene Krater des Ngorongoro in Tanzania. Er hat einen Durchmesser von 22 Kilometern, 700 Meter hohe Kraterwände und liegt 2460 Meter über dem Meeresspiegel. In ihm besteht ein geschlossenes System mit genügend Wasser, wodurch keine Wanderungen notwendig sind. Dort gibt es sogar Flusspferde, aber niemand weiß, wie sie über die gewaltigen Hänge des Kraters dorthin gelangt sind.

Die Giraffen mit einer Größe bis zu sieben Metern fressen die Blätter der Bäume, ja selbst die Dornen der Schirmakazien. Die Zebras, die eine wilde Pferdeart sind, von einem dominanten Hengst geführt werden und deren Musterung nie zweimal vorkommt, ähnlich den Fingerabdrücken bei den Menschen, halten sich im hohen Gras auf, während die Gnus, eine Antilopenart, das mittelhohe Gras bevorzugen. Weitere bekannte Pflanzenfresser sind Elefanten, Okapi, andere Antilopenarten, Impala, Thomsongazellen, Steinböcke, Nashörner, Büffel, Flusspferde, Warzenschweine und Schildkröten. Daneben trifft man auf verschiedene Affenarten (auch große wie Schimpansen, Gorilla oder Paviane), Schlangen, Chamäleons, Flamingos, Pelikane, Reiher, Störche, Marabu, Strauße, Riesentrappen, Adler, Geier, Habichte u.a. Vogelarten, aber auch viele Fische und Krebstiere in den Flüssen, Seen und den Ozeanen sowie eine Vielzahl von Insekten, darunter solch berüchtigte wie die Heuschrecken, von denen es allein 20 000 Arten gibt, die Tse-tse-Fliege oder auch die Skorpione.

Besonders imposante Pflanzen bzw. Bäume sind der Baobab, den man auch Affenbrotbaum nennt, die verschiedenen Palmenarten, der Eukalyptus, der Bambus, der bis zu 40 Meter hoch wird, Sukkulenten oder auch Oleander und Hibiskus. In der Savanne sind die Schirmakazien weit verbreitet; wenn sie blühen, sind sie feuerrot, deshalb werden sie auch Feuerbäume genannt.

Giraffen fressen am Tag ca. 40 Kilogramm Dornen und Blätter, Elefanten werfen die Bäume zum Fressen um und bringen es dabei sogar auf 300 kg/Tag. Bei diesen Mengen verwundert es nicht, dass die Bäume in diesen Gebieten immer weniger werden und der Austrocknungsprozess verstärkt wird. Elefanten sind schlechte Futterverwerter und scheiden deshalb viele keimfähige Samen wieder aus, wobei sie sie weitertragen; diese Samen keimen durch den Aufenthalt im Elefanten teilweise besser. Im Gegensatz zum indischen Elefanten wurde der afrikanische nie zur Arbeit abgerichtet.

Die Fleischfresser

Spätestens seit der gelungenen Walt-Disney-Verfilmung „König der Löwen" über den kleinen sympathischen Simba (Kiswahili: Löwe) kennen auch die meisten Kinder die afrikanischen Fleischfresser oder auch Raubtiere. Diese halten das Gleichgewicht in der Natur aufrecht, indem sie die Pflanzenfresser jagen und dabei vor allem auch kranke Tiere, die langsam sind, zur Strecke bringen. Viele nutzen dabei den Schutz der Dunkelheit, um zum Ziel zu gelangen.

Manche Tiere jagen in Rudeln, wie die Wildhunde, Tüpfelhyänen oder Schabrackenschakale, einige einzeln, wie der Gepard oder der Leopard, andere einzeln oder in Gruppen, wie die Löwen. Bei den Fleischfressern kann man eine Art „Arbeitsteilung" beobachten. Die starken Löwen schlagen in erster Linie Zebras, Gnus oder Büffel, die Leoparden, die am weitesten verbreitet sind und gut klettern, laufen und springen können, kleine Antilopen, während der schnelle Gepard, der kurzzeitig eine Geschwindigkeit von über 100 km/h erreichen kann, die schnellen Tiere wie Impala, die von der Sahara bis zum Kap auf allen Grasflächen existent sind, oder Thomsongazellen jagt. Die Löwen, die auch Könige der Savanne genannt werden, schlafen 20 bis 24 Stunden am Stück. Sie leben in Familien, bis zu 18 Weibchen von einer Koalition von wenigen Männchen begleitet. Es jagen meistens die Weibchen; die Jagdgemeinschaften haben bis zu zwei Dutzend Tiere. Löwen haben ein ausgeprägtes Sozialverhalten in ihrem Familienverband. In Afrika, am Lake Manyara in Tanzania, gibt es noch eine besondere Löwenart. Sie sind kleiner als ihre Artgenossen, klettern abends auf Bäume und schlafen dort auf einem starken Ast.

Einen unverdient schlechten Ruf haben die Hyänen als Aasfresser. Neben den Geiern sind sie die Gesundheitspolizei. Es passiert aber nicht selten, dass die Löwen den Hyänen die Jagdbeute aufgrund ihrer überlegenen Stärke abnehmen. Hyänen haben mehrere Behausungen, vor allem um den Nachwuchs zu schützen; sie werfen meist Zwillinge. Ein Rudel besteht aus bis zu 100 Köpfen. Sie sind sehr sozial. Wenn sie eine Beute erlegt haben, lassen sie erst die Jungen, Kranken und Alten fressen.

Viele Tiere treffen sich an der Tränke, die häufig nur Tümpel sind, vor allem in der Trockenzeit, wenn andere Wasserstellen versiegt sind. Dort können die Fleischfresser reiche Beute machen. Dort warten im Wasser oft auch die gefährlichen Krokodile.

Der Schutz der Tiere

Das ökologische Gleichgewicht wird in Afrika zunehmend gestört. Bei Tierzählungen wird ersichtlich, dass es Arten gibt, die sich vermehren, andere, die stark abgenommen haben oder sogar kurz vor dem Aussterben stehen und wieder andere, die nach starker Abnahme langsam wieder zunehmen. Einige Arten von Pflanzenfressern, wie Zebras, Gnus oder Impalas haben sich stark vermehrt. Das steht in direktem Zusammenhang mit der Abnahme der Fleischfresser, die über Jahrzehnte erlegt worden sind. In der Serengeti gibt es z.Zt. nur noch etwa 200 Löwen. Die Flusspferde sind am Nil, von dem sie ihren anderen Namen haben, schon vor 200 Jahren ausgerottet worden. Von den ehemals 65000 Spitzmaul-Nashörnern, auch schwarze genannt, die es in Afrika gab, leben heute nur noch 2 500 in ganz Afrika. Die Elefanten, von denen 1984 nur noch 500 in der Serengeti existierten, haben sich durch die Schutzmaßnahmen wieder auf 1 500 vermehrt.

Das Abschießen der Tiere betraf und betrifft Arten, von denen bestimmte Körperteile viel Geld bringen. Es handelt sich dabei z.B. um die Felle und andere Jagdtrophäen der Löwen u.a. Großkatzen, das Leder der Krokodile, das Elfenbein der Elefanten, die Federn des Strauß und das Horn des Nashorns, auch Rhinozeros genannt. Letzteres wird in erster Linie von asiatischen Händlern gekauft, denn dort gilt das Horn als Aphrodisiakum.

Ein gewisses Problem stellt auch der Tourismus dar. Auf der einen Seite ist es schön, dass viele Menschen die Tierwelt bewundern können und die afrikanischen Staaten Einkünfte auf diese Art erlangen. Auf der anderen Seite stellt aber auch der Massentourismus eine Gefährdung für die Natur dar. Allein den Amboseli-Nationalpark besuchen jährlich ca. 500 000 Touristen; es sind dort manchmal mehr Autos als Tiere zu sehen.

Der bekannte Wissenschaftler und Tierschützer, Prof. Dr. Bernhard Grzimek, ehemals Direktor des Zoos von Frankfurt/Main appellierte schon Ende der 50er Jahre mit seinem Buch „Die Serengeti darf nicht sterben“ an die Öffentlichkeit, alles zum Schutze der Fauna und Flora in Afrika zu unternehmen. Mittlerweile gibt es viele Regierungen und Organisationen, z.B. den World Wildlife Fund (WWF), die sich dieser Sache annehmen. Und auch einzelne bekannte Persönlichkeiten, wie die Schauspieler Karlheinz Böhm und Brigitte Bardot, darf man in diesem Zusammenhang nicht unerwähnt lassen.

Der Löwe schläft heut Nacht (Südafrika)

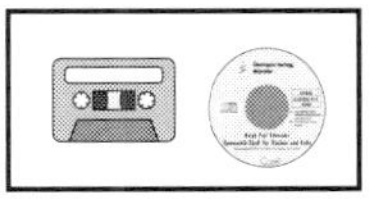

In der Steppe, der weiten Steppe
Da schläft der Löwe heut Nacht

Nah den Dörfern, den kleinen Dörfern
Da schläft der Löwe heut Nacht

Schlaf Nafisa, schlaf ein Deborah
Der Löwe schläft heut Nacht

Der Elefant und die Schildkröte

(Märchen der Hottentotten)

Alter: ab 3 Jahren

Es war am Ende der Trockenzeit, da regnete es plötzlich in die Wasserlöcher, aber sie trockneten aus bis auf ein Einziges.
„Das gehört mir", sagte der Elefant und jagte alle anderen Tiere, die trinken wollten, davon.
Eines Tages wollte er auf die Jagd gehen. Er rief die Schildkröte und sprach zu ihr: „Bleib bei meinem Wasser. Es gehört mir allein. Niemand darf hier trinken."
Kaum war der Elefant fort, da kam das Zebra zur Schildkröte und bat: „Ich bin durstig, gib mir Wasser!" Die Schildkröte antwortete: „Das Wasser gehört dem Elefanten."
Danach kam der Adler geflogen und bettelte: „Ich bin durstig, bitte gib mir Wasser!" Die Schildkröte sagte wieder: „Das Wasser gehört dem Elefanten!"
Nun kam der große Affe angetapst und rief: „Ich bin durstig, bitte gib mir Wasser!" Die Schildkröte sagte wie immer: „Das Wasser gehört dem Elefanten!"
Nach dem Affen kam der Löwe angekrochen und bettelte: „Gib mir Wasser!" Die Schildkröte antwortete abermals: „Das Wasser gehört dem Elefanten!"
Nun kam der Schakal zum Wasserloch und hechelte: „Ich bin durstig, bitte gib mir Wasser!" Die Schildkröte antwortete wieder: „Das Wasser gehört dem Elefanten."
Noch gaben die durstigen Tiere die Hoffnung nicht auf. Jetzt kam die Maus zur Schildkröte und piepste: „Gib mir Wasser!" Schon wollte die Schildkröte wie üblich antworten, da fühlte sie Mitleid mit der Maus. „Das Wasser gehört den Durstigen", erklärte sie. Und die Maus trank nach Herzenslust.
Von nun an ließen sich auch alle übrigen Tiere nicht mehr davon abhalten, Wasser zu trinken. Die Schildkröte ließ es geschehen. Insgeheim machte sie sich aber Sorgen, was geschehen sollte, wenn der Elefant heimkehrte. Eines Morgens tauchte er tatsächlich wieder aus dem Urwald auf. „Schildkrötchen, wo ist mein Wasser?" fragte er gleich.
Die Schildkröte antwortete mit ängstlicher Stimme: „Die Tiere haben das Wasser getrunken!" Der Elefant brüllte: „Soll ich dich zur Strafe zerbeißen oder ganz hinunterschlucken?" Die kleine Schildkröte flüsterte leise: „Bitte schluck mich ganz hinunter." Doch bevor der Elefant begriffen hatte, waren die Tiere ihr zu Hilfe gekommen. Sie beschützten ihre Retterin und jagten mit vereinter Kraft den Elefanten in den Urwald hinein.

Möglichkeiten für die Arbeit mit dem Text

- Nach dem Vorlesen die Kinder fragen, was sie über die einzelnen Tiere denken.
- Nachspielen der Geschichte: ein Kind ist Elefant, ein Kind ist Schildkröte, die anderen sind Zebra, Adler, Affe, Löwe, Schakal und Maus. Sie kommen entsprechend der Geschichte zum Wasserloch (blauen Müllsack rund schneiden und auf die Erde legen). Die Gefühle der Tiere, die vorher besprochen wurden, bringt jedes „Tier" zum Ausdruck (Stimmgestaltung und Körpersprache). Alle anderen Kinder können die gespielte Geschichte mit Geräuschen untermalen: z.B. immer, wenn das nächste Tier ankommt, mit den Fingern auf den Boden trommeln oder das Daumenklavier (S. 72) spielen, das die Laufschritte ausdrücken soll. Das hartherzige Ablehnen der Schildkröte kann mit einem Schlägelschlag auf der Trommel (S. 70) unterstrichen werden usw.

Eukalyptusbaum

Eukalyptusbäume wachsen in Wäldern, im Buschland und in der Savanne und gehören dort immer zur herrschenden Schicht, nie zum Unterstand. In tropischen und subtropischen Gebieten wachsen sie sehr schnell, im Jahr etwa 1,50 m. Das Eukalyptusöl, das aus den Bäumen gewonnen wird, dient als Duftstoff, zur Arzneimittelherstellung und als Grundlage für Eukalyptusbonbons.
Im tropischen Afrika werden Eukalyptusbäume zur Verhütung von Erosion und zur Nutzung als Schnitt-, Faser- und Brennholz angebaut.

Material: Eukalyptusbonbons
Alter: ab 3 Jahren

An die Zweige eines Baumes werden Eukalyptusbonbons gehängt. Die Kinder müssen sie durch Hochspringen erhaschen. Die Größeren können auch am Stamm hinaufklettern.

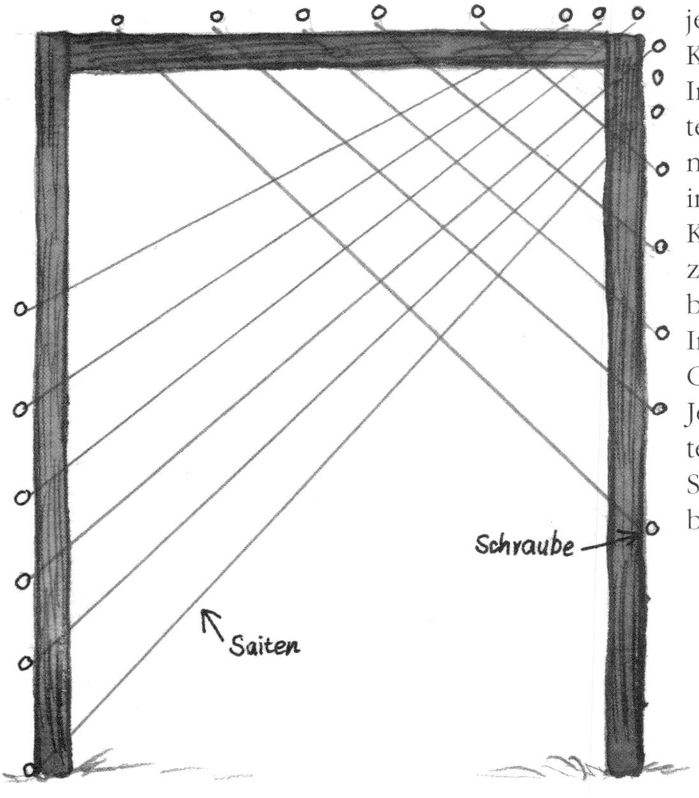

Spinnennetz

Material: Kontrabasssaiten oder Angelsehne, Klettergerät oder Zaun, Zange, Schraubenzieher, Spinne aus Gummi oder Pappe, evtl. Glöckchen oder Zimbeln
Alter: ab 3 Jahren (Saitenziehen ab 9 Jahren)

Zwischen den „Beinen" des Klettergerüstes werden Sehnen, Gitarrensaiten oder verschiedene Kontrabasssaiten angebracht. Die Sehnen oder Saiten stellen die Spinnenfäden dar.
Zuerst wird am oberen rechten Eckpunkt damit begonnen, die Schrauben entsprechend der Abb. in das Holz zu drehen. An dem diesem Eckpunkt gegenüberliegenden Balken des Klettergerüstes werden ebenfalls Schrauben eingedreht. Nun werden die Saiten angebunden. Strammes Anwickeln und Spannen der Saiten ist möglich, indem Papierstückchen oder raues Sandpapier zwischen Saite und Schraube geklemmt wird. Ist die Saite noch immer zu locker, mit Hilfe des Schraubenziehers die Sehne um die Schraube „heben". Diese jetzt angebrachten Saiten sind die Klangsaiten.
Im Folgenden müssen die „Schmucksaiten" gezogen werden, damit das Spinnennetz sichtbar wird. Diese Saiten verlaufen in entgegengesetzter Richtung hinter den Klangsaiten (s. Abb.). An ihnen können zusätzlich kleine Zimbeln oder Glöckchen befestigt werden.
In die obere Ecke wird zum Schluss eine Gummispinne gesetzt.
Jetzt kann eine Melodie an den Klangsaiten gezupft werden. Wer kann durch das Spinnennetz kriechen, ohne eine Saite zu berühren?

Chamäleon

Das Chamäleon kann nicht nur seine Farbe plötzlich wechseln, es kann auch aus langsamer Bewegung heraus blitzartig zuschlagen, wenn es auf der Jagd ist. Die klebrige Zunge, die fast Körperlänge erreicht, entrollt sich plötzlich und lässt das Opfer in Sekundenbruchteilen im Chamäleonmaul verschwinden.

Material: Ausrollpfeife (auch Luftrüssel genannt)
Alter: ab 3 Jahren

Eine Spielfläche wird begrenzt. Alle Kinder bewegen sich frei innerhalb der begrenzten Fläche. Ein Kind, das Chamäleon, hat die Ausrollpfeife im Mund. Rollt das Chamäleon die Zunge heraus, bleiben alle auf der Stelle stehen. Gelingt es nun dem Chamäleon von seinem Platz aus eines der Kinder mit der Zunge seiner Pfeife zu berühren, wird dieses zum Chamäleon und das Spiel beginnt von vorn.

Afrikanische Wildkatze

Die afrikanische Wildkatze sieht unserer Hauskatze sehr ähnlich. Sie lebt in den Savannen und hält sich am Tage im dichten Gebüsch, im hohen Gras, sowie in Höhlen und Felsüberhängen verborgen. Nachts jagt sie Vögel, Perlhühner, Nagetiere, Schlangen und Echsen: schnell, gewandt und leise.

Alter: ab 3 Jahren

"Henne und Wildkatze" - Authentisches Spiel aus Südafrika:
„Dieses Spiel kann schon von sehr kleinen Kindern gespielt werden. Sie wählen sich 2 Spieler aus: 1 Henne und 1 Wildkatze. Die übrigen Kinder sind Küken, sie stehen hinter der Henne. Das Spiel wird im Freien gespielt, in einem mit Büschen bewachsenen Gelände. Die Glucke zieht mit ihren Küken umher, wobei sie diese ständig auf die drohenden Gefahren aufmerksam macht. Die Wildkatze hat sich versteckt. In einem geeigneten Augenblick springt sie aus ihrem Versteck hervor und versucht, einige unvorsichtige Küken zu fangen. Die Küken können sich dadurch retten, daß sie sich auf das Rufen der Glucke schnell niederkauern. Das Spiel geht solange, bis die Wildkatze sämtliche Küken gefangen hat; dann müssen eine neue Henne und eine neue Wildkatze gewählt werden." (14)

Flamingos

Meist sieht man die dürren Gestalten durch Flachwasser schreiten, die Köpfe in der typischen Gründelpose nach unten ins Wasser haltend. Oft stehen sie auch stundenlang auf einem Fleck, wobei sie ein Bein angewinkelt an den Körper ziehen.

Alter: ab 3 Jahren

Mit geschlossenen Augen stehen alle aus der Gruppe auf einem Bein. Ein Kind, das „Krokodil", schleicht sich leise an. Sobald es das leiseste Geräusch macht, „fliegen" die Flamingos fort und es hat Mühe, einen zu erwischen.

Schlangenspiel

Eine der bekanntesten Schlangen Afrikas ist die Pythonschlange. Wie bei allen Schlangen ist ihr Gehör mangelhaft entwickelt und durch die fehlenden farbempfindlichen Stäbchen im Auge kann sie nur Hell und Dunkel unterscheiden. Riechen kann sie quasi mit der Zunge. Das Züngeln nach außen hat den Zweck, die Geruchsstoffe aufzunehmen und im Innenraum des Mauls als Geruch wahrzunehmen. Sie frisst Mäuse, Ratten, Frösche, Vögel, Hasen oder Erdhörnchen. Dazu hakt sie den Unterkiefer aus und verschlingt die Beute im ganzen Stück.

Material: mindestens 5 m langer Stoffschlauch oder Kriechtunnel im Reifendurchmesser, 2 Reifen, Eishockeyschläger, rotes Krepppapier, Schere, Kleber, Garn, Nadeln, für das Spiel: Ohrenschützer, Sonnenbrille
Alter: ab 3 Jahren

Der Stoffschlauch ist die Schlange. Vorn befindet sich das Maul. Damit das Maul offen steht, wird ein Reifen mit groben Stichen darin befestigt. Eineinhalb Meter weiter innen ist der zweite Reifen befestigt. In diesem Maulstück zwischen den zwei Reifen sitzt das „Schlangenkind" mit dem Eishockeyschläger, der mit rotem Krepppapier umwickelt ist. Der Eishockeyschläger ist die Zunge. Das Schlangenkind trägt Ohrenschützer, die nochmals dick mit Watte ausgestopft sind und eine dunkle Sonnenbrille (Brillengläser evtl. noch mit schwarzem Damenstrumpf abdecken, dass wirklich nur Hell und Dunkel unterschieden wird).
Rings um den Schlangenkörper werden Kreise als Erdlöcher gezogen. In jedem Kreis hockt ein Erdhörnchenkind. Die Erdhörnchen hüpfen immer von „Erdloch" zu „Erdloch". Die Schlange „züngelt" auf gut Glück, denn sie sieht schlecht und hört nichts. Wer mit der „Zunge" angetippt wird, muss in den Schlangenleib kriechen. Das letzte freie Erdhörnchen ist das nächste Schlangenkind!

Kaffernbüffel

Diese Büffel leben in der Savanne. Sie sind gewaltig groß und stark (rund 800 kg Gewicht). Ihre Hörner stehen wie ein Helm auf der Stirn. Weil der Geruchssinn der Kaffernbüffel sehr gut ist, sie aber schlecht hören und sehen, greifen sie manchmal an, wenn der Wind sich dreht und sie nicht genau wissen, ob eine Gefahr droht.

Alter: ab 3 Jahren

„Büffel im Pferch“ - Authentisches Spiel aus dem Sudan:
„... Die Spieler nehmen in einem großen Kreis Aufstellung und halten sich an den Händen. Zwei bis drei Spieler stehen im Kreis; sie sind die Büffel, die aus dem ‘Pferch’ ausbrechen wollen. Sie rennen gegen einen bestimmten Punkt des Kreises an und versuchen mit erhobenen Armen den Kreis zu sprengen. Dabei dürfen sie sich nur auf die Wucht ihres Ansturmes stützen. Wenn der Ausbruch, den alle ‘Büffel’ möglichst zugleich unternehmen sollten, beim ersten Mal nicht gelingt, darf er an einer anderen Stelle des Kreises wiederholt werden. Haben sie es geschafft, dann werden die beiden Spieler die neuen Büffel, zwischen denen der Durchbruch erfolgte.“ (15)

Giraffen-Hunger

Giraffen werden bis zu sieben Meter groß und wiegen etwa eine Tonne. Sie fressen Blätter und Zweige von Bäumen, selbst die Akazien mit ihren scharfen Dornen werden im Giraffenmaul weich.
Wenn Gefahr droht, wittern Giraffen sie als Erste. Durch ihre Flucht alarmieren sie alle anderen Tiere.

Material: großer Besen, schwarzes, braunes und weißes Klebeband, Schere, Pappe, Papier, Pinsel, Lackfarbe (gelb u. braun)
Alter: ab 4 Jahren

Ein Besen ist die Giraffe. Die Hälfte der Borsten wird zum Kopf gestaltet. Dazu wird das erste Stück dieser Hälfte (das Maul) mit schwarzem Klebeband umwickelt und ein zweites Stück mit braunem Klebestreifen als Stirn. Auf die Stirn werden zwei weiße Punkte als Augen geklebt. Um die Ohren herzustellen, werden beide Handflächen auf Pappe gelegt, mit Bleistift umrandet und anschließend ausgeschnitten. Die zwei Ohren ganz und gar mit braunem Klebeband umwickeln und wie auf der Abb. links und rechts am Kopfstück befestigen.
Die Hörner, einen Zeigefinger lang, werden auf die Stirn geklebt: dazu weißes Papier rollen, mit weißem Klebeband umwickeln und aufkleben.
Der lange Besenstiel stellt den Hals der Giraffe dar. Er kann mit gelber und brauner Lackfarbe bemalt werden.

Spielanregung

An einen Basketballkorb, einen hohen Baumast o.Ä. werden verschiedene Gegenstände (z.B. Metallröhren, Holzstäbe usw.) dicht beieinander an Schnüren frei schwingend aber fest angebunden. Da-

zwischen werden Bananen aufgehängt. Hierfür werden die Schnüre mit einer Schlaufe versehen und mit dem anderen Ende am Korb bzw. Ast befestigt. In die Schlaufen werden die Bananen eingesteckt.
Ein Kind spielt die Giraffe und hält den Besen an seinem langen Stiel fest. Jetzt muss es mit dem Giraffenkopf versuchen eine Banane zu pflücken. Gelingt es ihm, eine Banane herunterzuhangeln, darf es die Banane essen und das nächste Kind ist an der Reihe. (16)

Elefanten-Stoßzahn-Spiel

Werden Elefanten überrascht, reagieren sie panisch. Sie sind sich ihrer überlegenen Kraft nur bewusst, wenn sie den Gegner sehen und einschätzen können. Überrascht sie beispielsweise die kleinste Maus, treten sie entsetzt den Rückzug an. Daraus ist die Annahme entstanden, der Elefant fliehe vor der Maus.
Aus dem Elfenbein der Stoßzähne wurden lange Zeit Schnitzereien gefertigt. Das führte zur Verfolgung der Elefanten und zum regelrechten Abschlachten. Heute leben die Elefanten vielfach unter der Obhut von Wildhütern. Schnitzereien aus Knochen sehen dem Elfenbein übrigens zum Verwechseln ähnlich - viele Schnitzereien werden auch aus Knochen hergestellt.
Die linken und rechten Stoßzähne sind für die Elefanten ähnliche Hilfswerkzeuge wie für die Menschen die Hände, so gibt es bei ihnen auch Links- und Rechts"zähner", wie bei den Menschen Links- und Rechtshänder.

Material: Kopftuch oder Schal
Alter: ab 3 Jahren

Ein Kind ist Elefant und bekommt die Augen verbunden. Beide Arme sind schaufelartig vorgestreckt (die Handinnenflächen zeigen nach oben) wie zwei Stoßzähne. Alle anderen Kinder bewegen sich leise um den Elefanten herum. Ab und zu erschrecken sie ihn mit einem Geräusch, dann dreht er sich blitzschnell um und versucht mit den Stoßzähnen ein Kind zu berühren. Wer berührt worden ist, wird zum Elefanten.

Projekte

Gruppenvormittage mit einer Afrikanerin oder mit einem Afrikaner

Um die Kinder auf das Thema AFRIKA einzustimmen, kann eine Afrikanerin oder ein Afrikaner in die Kita, die Schule, ins Ferienlager, ins Klubhaus etc. eingeladen werden.
Dazu könnten verschiedene Aktivitäten unter folgenden Themen stattfinden. Die Reihenfolge der Treffs, auch eine Veränderung oder Erweiterung, wird durch die Erzieherin im Gespräch mit dem Gast vorher gut vorbereitet.

1. Thema: *Leben - nicht wie hier bei uns*

Die Kinder sehen die traditionelle Kleidung des afrikanischen Gastes und sprechen darüber. Sie berühren bei der Begrüßung die dunklen Hände. Sie vergleichen die afrikanische Frisur mit ihrer eigenen. Der Raum duftet nach dem Kokosfett der Haare des afrikanischen Gastes und die Kinder erfahren, warum es benutzt wird. Sie üben, wie ein Tuch auf afrikanische Weise auf den Kopf gebunden wird. Trägt der Gast Narben oder Bemalung, wird auch darüber gesprochen. Der Schmuck wird betrachtet und die evtl. ganz und gar europäischen Schuhe.
Anschließend kann der Besuch etwas von sich erzählen: wo sie/er früher gewohnt hat, was die Eltern tun und wie viele Geschwister sie/er hat. Ob sie/er Sehnsucht nach Hause empfindet und was ihr/ihm zu Hause am besten gefallen hat; aber auch, was ihr/ihm hier bei uns am besten gefällt.

2. Thema: *Essen auf afrikanisch*

Durch das erste Treffen sind die Kinder schon etwas aufgeschlossener dem „Fremden" gegenüber. Der Gast breitet bei dieser Zusammenkunft das mitgebrachte Obst, Gemüse, den Mörser, Stößel usw. aus und die Kinder sitzen darum. Jetzt können die Kinder spontan erzählen, welches Obst und Gemüse sie schon kennen. Vielleicht weiß auch ein Kind die Namen „Mörser" und „Stößel" (evtl. von Reisen). Dann berichtet der Gast „Typisches": dass die Bananen mit dem „Kopf nach unten" am Baum wachsen, dass die Yamswurzeln viel Regen brauchen usw. Der Gast erzählt, wie Mörser und Stößel entstehen und wie Feuer gemacht wird. Die Kinder erfahren von den Arbeitsteilungen in den Familien, und dass afrikanische Kinder ganz fleißig helfen müssen.
Dann kocht der Gast zum gemeinsamen Essen zwei oder drei Gerichte. Die Kinder können dabei helfen. Das Essen wird mit den Fingern (Bällchen rollen) oder mit Löffeln verzehrt.

3. Thema: *Der Markt in afrikanischen Dörfern*

Die Kinder erfahren, dass es Ackerbauern, Viehzüchter (sesshafte, nomadisierende

und halbnomadisierende Gruppen) und Fischer gibt. Sie hören aber auch von Menschen in Großstädten, die einer Arbeit in Fabriken nachgehen wie wir. Sie erfahren, dass die meisten Menschen auf dem Lande im Einklang mit und in Abhängigkeit von der Natur leben. Alle Erzeugnisse der Afrikaner sind Naturerzeugnisse. Die Produkte werden auf den Märkten verkauft, um dafür ein anderes wichtiges Lebensmittel oder einen Gebrauchsgegenstand zu erstehen. Die typischen afrikanischen Höflichkeiten während des Marktes werden beschrieben: die langen Gespräche, das Handeln usw.
Mit den Kindern wird aus Kisten und Tüchern ein „Markt" im Raum aufgebaut und ein Rollenspiel entworfen. Jetzt können die Kinder versuchen, auf afrikanische Art „einzukaufen".

4. Thema: *Singen, tanzen und Musik machen*

Anknüpfend an die Themen 1, 2 und 3 erfahren die Kinder, dass Singen, Tanzen und auf Instrumenten spielen hauptsächlich den Alltag der Afrikaner verschönt und auflockert. Es ist ihre Möglichkeit, mit den vielen Problemen fertig zu werden.
Den Kindern wird der Bau eines einfachen Instruments gezeigt, z.B. eines Musikbogens oder einer Trommel. Die Kinder üben mit dem Gast zusammen einen Rhythmus, ein Lied oder/und Tanzschritte (evtl. einen Rhythmus des Hackens auf den Feldern).

5. Thema: *Woran die Afrikaner glauben*

Der Gast erzählt von den eigenen Großeltern, von Krankheiten und wie diese geheilt wurden, wovor er sich als Kind am meisten gefürchtet hat und wodurch die Furcht besiegt wurde.
Die zuhörenden Kinder sollen die alten Traditionen anderer achten lernen.

Kinder der Welt (Elfenbeinküste)

Zamena mena e e magereo
Kinder der Welt seid ihr denn alle da
Zamena mena e e magereo
Kinder der Welt hört mir alle zu
Zamena mena e e magereo
Kinder der Welt, singt doch mit mir
Zamena...
Singt für den Frieden auf dieser Welt
Zamena....

Hoffest „Reise nach Afrika"

Eine Ganz- oder Halbtagsveranstaltung

Zwanzig schwer bepackte Männer

Zu Beginn des Hoffestes stellen sich alle Kinder hintereinander auf. Mit „Ferngläsern“ aus zwei Haushaltsrollen und einer kleinen aber noch unvollständigen „Afrikakarte“ auf einem Pappschild um den Hals ziehen sie in den „Urwald“ (kreuz und quer über den Spielplatz bzw. über den Hof). Voran schreitet die Spielleitung mit Instrument, z.B. Gitarre. Dabei singen alle und spielen, als wären sie schwer bepackt, das folgende Lied:

Der Anführer stoppt. Er sieht einen Baumstamm vor sich und warnt die ganze Reihe:
Anführer: Stoooop!
Einer nach dem anderen wendet den Kopf zum hinteren Spieler, um die Nachricht weiterzugeben. Das muss recht schnell gehen. Bei den Letzten kommt das Wort schon verstümmelt an: oop....oop....p.
Alle: Stooop....stooop....ooop....oop....p
Anführer: Ein Staaaamm!
Alle: Staaamm....Staaamm....amm....amm....m
Während des Balancierens auf dem Baumstamm wird wieder das Lied gesungen.
Die Gruppe geht weiter.

Anführer: Stoooop!
Alle: Stooop....stooop....ooop....oop....p
Anführer: Ein Baaaach!
Alle: Baaach....Baach....ach....ach....ch
Als Bach liegt eine blaue Mülltüte auf der Erde und muss von jedem übersprungen werden. Während des Überspringens wird das Lied gesungen.

Als Nächstes liegt vor dem Anführer ein dunkler Gang (Stoffschlauch, durch den jeder kriechen muss)
Anführer: Stoooop!
Alle: Stooop....stooop....ooop....oop....p
Anführer: Ein Höhlengaaaaang!

Alle: Höhlengaaang....gaang....gang....ang....g
Während alle hindurchkriechen, setzt das Lied ein.

Anführer: Stoooop!
Alle: Stooop....stooop....ooop....oop....p
Anführer: Sind alle daaaa?
Alle: Ja....ja....ja....ja....ja
Anführer: Eine Falleeee!
Alle: Falle....Falle....alle....alle....le
Die Falle kann eine Kiste, z.B. auch ein Teil des Kastens aus der Turnhalle sein, worin sich vor Beginn des Spiels ein Kind heimlich versteckt hat und jetzt wie ein Löwe brüllt.
Anführer und alle: Ein Lööö - we!
Alle rennen auseinander. (17)

Anlaufpunkte für das Hoffest

Nach dem **Einstiegslied** besuchen die Kinder die verschiedenen Anlaufpunkte, die von den Erwachsenen betreut werden. Um die Kinder anzuregen, alle Stationen einmal zu besuchen, erhalten sie dort jeweils ein Puzzleteil, das ihre umgehängte Afrikakarte ergänzt.

KLINGENDES BÄUMCHEN

Material: halbe Kokosnüsse und Stöckchen, Bohnensäckchen, Topfdeckel und Kelle, Rasseln (S. 73), auf ein Band gefädelte Kronkorken als Schellen (S. 89) des Johannisbrotbaumes, Ratschestöcker (auf Kerben in Stöckern ratschen), Joghurtbecher mit Stock als Glocke (S. 89), Netzrasseln (S. 73), eine Handtrommel mit einigen Reiskörnern füllen und sie waagerecht an den Spannschrauben aufhängen - leichtes Bewegen erzeugt Meeresrauschen beim Darunterstehen.

Wenn alle Instrumente, die bereits vor oder noch während des Festes hergestellt wurden, an den Baum gehängt und von mehreren Kindern gleichzeitig betätigt werden, so hat der Baum seine ganz eigene Musik. Auch singen zu der Bäumchen-Musik ist möglich.

Hierzu passt das Lied 'Die Blätter der Palme'.

SCHATZSUCHE

Im Sandkasten sind kleine Schätze (Plastikeier der Kinderüberraschung; Filmdöschen o.Ä.) vergraben. Sie sind mit einer Süßigkeit, einem Bildchen, einer Nuss oder einer anderen Kleinigkeit gefüllt. Wer sie finden will, muss zum Spaten greifen. Der Sandkasten wird ringsherum, wie bei echten Ausgrabungen, mit einem breiten Band „abgezäunt" und nach jedem Graben für den nächsten Schatzsucher wieder geharkt.

TROMMELSTATION

Mit den verschiedenen Trommeln und dem Klingenden Bäumchen kann das Lied „Alle Kinder groß und klein" der Amhara-Kinder in Äthiopien gestaltet werden.

Alle Kinder groß und klein (Amhara, Äthiopien)

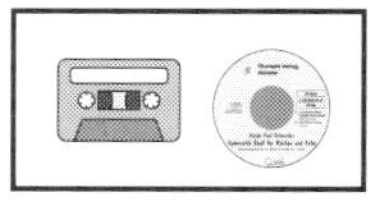

Dimbutsche gela
Yabisch geleba
Meda new beye
Gedel segeba
Gebel gebitsche
Leweta sele
Jibu metabign ke kite sere

Alle Kinder groß und klein
Spielen auf der Wiese fein
Tanzen hier im Sonnenschein
Fall ich in die Höhle rein
Sitz da unten ganz allein
Kletter aus der Höhle, so
Hyänen schnuppern an meinem Po

Spiel mit dem Lied:
Die Kinder bilden einen Kreis. Zwei Kinder gehen in die Mitte, fassen sich über Kreuz an den Händen und lassen sich nach einigen Drehungen fallen. Die anderen Kinder klatschen im Takt. Nachdem der Text zu Ende gesungen ist, produzieren die Kinder während sie weiterklatschen eine Art Mundperkussion. Sie schieben die Ober- und Unterlippe breit und straff nach innen. Dann öffnen und schließen sie den Mund im Takt, in etwa als würden sie schmatzen. Der produzierte Klang ist tief und rhythmisch. Sind die ersten Kinder gefallen, gehen die nächsten in den Kreis.

AFRIKANISCHE BILDERSCHRIFT

Material: Sonnensegel (oder Stoff), Schnüre, Stoffmalfarbe, Pinsel, Wassertöpfchen

Ein vorhandenes Sonnensegel nehmen oder aus Stoff ein riesengroßes Dreieck schneiden (evtl. zusammensetzen), um es als Sonnenschutz horizontal zwischen Baumstämme und Kletterstangen oder Zaun festzuzurren. Dazu den Stoff zuerst auf eine Pappunterlage oder auf Gehwegplatten legen und die folgende Bilderschrift des Ewe-Stammes aus Togo verschiedenfarbig und in verschiedener Größe mit Pinsel und Stofffarbe aufmalen. Den Kindern erklären, dass diese Bilderschrift, die eine Nadel und ein Stück Stoff zeigt, ein Sprichwort darstellt: Eine kleine Nadel vermag ein großes Tuch zu nähen. (Kleine Ursachen, große Wirkungen).
Die Kinder können an dieser Station eigene Bildergeschichten malen oder mit Moosgummi-Stempeln (S. 57) weiße T-Shirts bedrucken.

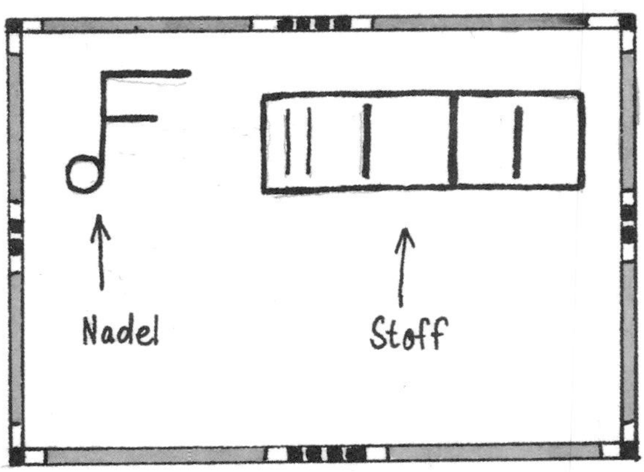

MÄRCHENZELT

Entweder ein richtiges Zelt aufstellen, ein Tukul (S. 29) oder eine Shelterhütte (S. 30) fertigen. Möglich ist auch einfach ein Zaun (S. 31), der Schutz und Ruhe bietet, um Märchen und Geschichten zu hören. Ein Erwachsener zieht sich nach Möglichkeit die traditionelle Bekleidung einer afrikanischen Frau an und erzählt als Großmutter die Märchen möglichst frei.
Hierfür eignen sich neben afrikanischen Märchen eigener Wahl auch die Geschichten und Erzählungen aus diesem Buch, die die Kinder auffordern sich miteinzubringen.

UNTERIRDISCHER GANG

Für einen unterirdischen Gang kann ein Keller genutzt werden. Die Wände, Fußböden und Decken werden mit „Fundsachen“ wie Masken, Rasseln, Wurfholz, Dosen, Grasring usw. ausgestaltet. Es können auch Fäden als Spinnenfäden von der Decke hängen oder Saiten am Treppengeländer befestigt sein, die die „Eindringlinge“, die mit Taschenlampe kommen, ein wenig gruseln lassen.

KOCHSTELLE

Auf oder bei einer Feuerstelle im Freien (S. 55) können verschiedene Rezepte ausprobiert werden. (S. 37, 38, 39, 55, 86 und 94)

KLETTERBAUM

Der Kletterbaum kann auch ein herunter hängendes Seil sein. Es gilt, die oben hängenden Süßigkeiten herunter zu holen. (S. 121)

MEDIZINMANN

Ein Kind oder ein Erwachsener hat sich an diesem Anlaufpunkt traditionell als Medizinmann verkleidet. Er kann z.B. Rosmarintee, der vorher schon zubereitet wurde, und in einer Thermoskanne warm gehalten wird, ausschenken. Raten lassen, wie der Name des Tees ist. (S. 88ff.)

RÄTSELBANK

An diesem Punkt sind verschiedene Rätsel zu raten, von denen sich die Kinder eines aussuchen können. Dazu werden Schulbänke an eine Schuppenwand oder an einen Zaun gestellt. An den Schulbänken stehen Stühle für die Rätselrater.

Rätsel 1: Auf einem Blatt Papier ist die Fahne Tansanias sichtbar. Darunter stehen drei Buchstaben des Landesnamens. Die Kinder, die schon schreiben können (8 - 10 Jahre) fügen die fehlenden Buchstaben ein und finden so das Land, zu dem die Fahne gehört.

Rätsel 2: An der Wand hängt eine Afrikakarte. Die 10-Jährigen sollen auf einen Blick raten, wie viele Länder es sind. Die Kleineren bekommen bunte Steinchen zum Nachlegen verschiedener Länder auf der Bank.

Rätsel 3: Auf einem Blatt sind verschiedene Gegenstände und Produkte aufgezeichnet, die es in Afrika gibt: z.B. ein Radio, Bananen, Bleistifte, Baumwolle, Coladosen usw. Es sind außerdem Dinge aufgezeichnet, die es in Afrika nicht gibt: z.B. Schneeflocken, Schornsteinfeger, Birnen, Raketen, Braunkohle usw. Die Kinder kreuzen nur die Dinge an, von welchen sie meinen, dass es sie in Afrika gibt.

Wander- oder Ausflugstag in den Zoo

Bei einem Zoobesuch werden die afrikanischen Tiere unter den vielen anderen Tieren gesucht. Die größeren Kinder lesen die Schilder an den Gehegen selbst, für die Kleineren liest es der Erwachsene vor und kommentiert (z.B. „Tonnen" - wie viele Kinder zusammen eine Tonne wären usw.). Für die Kleineren kann auch eine kurze Geschichte direkt am Gehege gelesen oder erzählt werden.

Fotos dürfen die Kinder selbst machen: bei den Kleineren mit Hilfestellung, die Größeren haben schon eigene Fotoapparate. Eventuell anschließend zu einem Fotografen in die Dunkelkammer gehen (vorher absprechen) und „mitentwickeln". Danach eine Projektwand mit allen Fotos gestalten.

Wander- oder Ausflugstag in den Botanischen Garten

Vor dem Ausflug in den Botanischen Garten eine Führung durch geschultes Personal organisieren, damit die Kinder direkt zu den afrikanischen Pflanzen geleitet werden. Den Kindern kleine Geschichten zu den Pflanzen erzählen und abgefallene Früchte, Samen, Blätter usw. für die Kinder bereit halten.

Im Naturkundemuseum Görlitz (Sachsen / Oberlausitz) werden die typischen Geräusche zu den Pflanzen und den hier wohnenden Tieren über Band eingespielt.
Ein entsprechendes Tonband könnte durch die Erzieherin vorbereitet und dann abgespielt werden.
Später können die mitgenommenen Blätter gepresst und die Samen in Erde gesetzt werden (Orangenbäumchen gedeihen bei unseren Temperaturen recht gut).

Anhang

Quellenangaben

(1) Odjidja, Messy; Ghana
(2) Chinua, Achebe; Okonkwo oder Das Alte stürzt, Aufbau - Verlag, Berlin 1976
(3) Jehn, Margarete und Wolfgang; „gru“, Heft 3, 28 Kinderspiele aus aller Welt, Edition ERES, Lilienthal/Bremen, o.J.
(4) Adaptiert von Ojake, Michael; (Nigeria), übersetzt aus dem Englischen von Catherine Plant
(5) Nach Sarr, Bassirou; Senegal
(6) Lukàcsy, Andràs; Spiele aus aller Welt, Verlag für die Frau, Leipzig, o.J.
(7) Westermann, Dietrich; Afrikaner erzählen ihr Leben, Evangelische Verlagsanstalt, Berlin o.J.
(8) siehe (2)
(9) siehe (1)
(10) Nach Ojake, Michael; Nigeria
(11) Aufgezeigt von Yamuremye, Gervais; Ruanda
(12) Nach: Leben in einem Entwicklungsland, Beispiel Kenia, Hoffnungen in der Stadt, SFB-Filmproduktion, Pädagogische Film-und Bildstelle Berlin, leicht verändert
(13) Nach: Kenia - Leben in einem Entwicklungsland, Hoffnungen in der Stadt, SFB-Filmproduktion, Pädagogische Film-und Bildstelle Berlin, leicht geändert
(14) siehe (6)
(15) siehe (6)
(16) Hülsebeck, Birgid
(17) Tenta, Hilde

Alle Lieder außer „So tun wir unsere Arbeit“ (S. 47) und „Zwanzig schwer bepackte Männer“ (S. 128) stammen aus der direkten Erinnerung von:

Josephine Kronfli,	(Äthiopien)
Myke Tilasi,	(Zambia)
Neema Mirambo	(Tanzania)
Arnold Chiwalala	(Tanzania)
Lawson Mawulawoe	(Elfenbeinküste)

Die deutschen Übertragungen der Liedtexte sowie die einleitenden Texte dazu haben Pit Budde und Josephine Kronfli geschrieben.

Zeichenerklärungen

*	in Hobby- und Bastelläden erhältlich
**	in Afro- und Asia- Läden erhältlich
	Dieses Lied und noch viel mehr sind auf dem Tonträger „Karibuni Watoto" zu hören.

CD

Pit Budde/Josephine Kronfli

Karibuni Watoto Kinderlieder aus Afrika

Was singen die Kinder in Afrika? - Was spielen Kinder in Afrika? - Wie tanzen die Kinder in Afrika?

Der vorliegende Tonträger stellt eine Sammlung von Kinderliedern aus Ländern südlich der Sahara vor. Es sind Spiellieder, Tänze, Wechselgesänge, Schlaflieder aber auch Beispiele für den Klang afrikanischer Musikinstrumente, wie Daumenklavier und Leier.

Die Musik wurde gemeinsam mit afrikanischen MusikerInnen arrangiert und ohne synthetische Klänge auf Original-Instrumenten eingespielt. Einzigartig ist, daß die meist in deutsch und der Originalsprache gesungenen Lieder nicht aus verstaubten Büchern, sondern aus der direkten Erinnerung von AfrikanerInnen verschiedener Nationalitäten stammen, aus Tansania, Äthiopien, Zimbabwe, Zambia, Ghana...

So unterschiedlich die Menschen, so unterschiedlich ist der Gestus ihrer Lieder. Da sind die von Trommeln dominierten, temperamentvollen Tanzlieder, ein freches Neujahrslied der Jungen aus Äthiopien, ruhige Wiegenlieder, eine in Swahill gesungene Version des deutschen Liedes „Ein Männlein steht im Walde" und viele andere Besonderheiten. Es ist der Blick in eine andere Welt, in der die Kinder weniger haben, aber mehr daraus machen! Manchmal klingen ihre Lieder fast erwachsen, manchmal frech, manchmal poetisch, aber immer sehr lebendig.

ISBN (CD): 3-931902-12-9
ISBN (CD): 978-3-931902-12-4

Begriffserklärungen

Aphrodisiakum
Grch.; „Liebesmittel", Mittel zur Anregung und Steigerung des Geschlechtstriebes.

Dhau
Arabisches Segelschiff mit schrägem Mast; im Indischen Ozean werden die Monsunwinde genutzt, um zwischen Indien und Ostafrika zu verkehren.

Dominion
Lat., Engl.; Seit der Reichskonferenz von 1907 offiziell anerkannte Bezeichnung für einen sich selbst regierenden, nur noch durch die Krone mit dem Mutterland verbundener Staat des British Commonwealth of Nations; die Dominions wurden 1948 Länder des Commonwealth of Nations.

Griot
Angesehene (erbliche) Funktion in Gesellschaften Westafrikas mit Aufgaben als: Chronist, Troubadour, Minnesänger, Lobredner, Alleinunterhalter, Historiker, Poet, Lyriker, Musiker und Archivar in einer Person.

Initiation
Aufnahme in die Gemeinschaft der Erwachsenen (bei Naturvölkern) oder in einen Geheimbund.

Karibuni Watoto
Kiswahili; Willkommen, Kinder

Kral (oder: Kraal)
Rund um den Viehhof angelegtes Dorf; auch Einzelgehöft.

Monokultur
Der Anbau nur einer Pflanzenart auf einer Fläche - zerstört das biologische Gleichgewicht, ermüdet den Boden, fördert Ausbreitung von Pflanzenkrankheiten und Schädlingen.

Tätowieren
Umgangssprachlich für Tatauieren (polynesisch, franz.); Bilder und Muster mit Dorn, Nadel, Messer, Tatauierkamm in die Haut einstechen; eine Weiterentwicklung der Körperbemalung; es hatte ursprünglich magische Motive (Abwehrzauber, Kräftigungszauber), hängt z.T. mit dem Totemismus zusammen (das Totemzeichen wird auftatauiert) und wird vielfach in Verbindung mit den Reifeweihen (Initiation) ausgeführt; in Europa wird sie meist Tätowierung genannt.

Verwendete und weiterführende Literatur

Afrika - Kleines Nachschlagewerk, Dietz-Verlag, Berlin 1985

Afrika von Kairo bis Kapstadt, ADAC-Verlag, München 1996

Arche Afrika - Ausbruch ins Eigene; „du" - Die Zeitschrift der Kultur, Doppelheft Nr. 12/1, Dez. 1995/Jan 1996, TA-Media AG, Zürich

Arnold, Rainer (Hrsg); Märchen afrikanischer Völker, Gustav Kiepenheuer Verlag, Leipzig und Weimar 1984, 1986, 1987

Barbosa, Rogerio Andrade; Fittipaldi, Cica; Großvater Ussumane erzählt, Peter-Hammer-Verlag, Wuppertal 1990

Broszinsky-Schwabe, Edith; Kultur in Schwarzafrika, Urania Verlag, Leipzig, Jena, Berlin 1988

Emecheta, Buchi; Der Ringkampf, Kinderbuchfond Dritte Welt (Schweiz), Lamuv-Verlag, Göttingen 1989

Felix, Jiri; Tierwelt Afrikas, Karl Müller Verlag, Erlangen 1989

Fröhlich, Gerd und Brigitte; Hochland unter Tropensonne, F. A. Brockhaus Verlag, Leipzig 1986

Geschichte Afrikas - Von den Anfängen bis zur Gegenwart, 4 Bde., Akademie Verlag, Berlin 1976, 1983, 1984

Grzimek, Bernhard und Michael; Die Serengeti darf nicht sterben, 1959

Jahn, Janheinz; Moderne Erzähler der Welt - Westafrika, Horst-Erdmann-Verlag, Tübingen und Basel 1971

Könner, Alfred; Der Tanz auf der Trommel, Altberliner Verlag, Berlin-München 1994

Krebs, Ursula; Wir lieben unser Land, Jugenddienstverlag, Wuppertal 1979

Kreusch-Jacob, Dorothee; Der fliegende Trommler, Verlag Heinrich Ellermann, München 1990

Livingstone, David; F. A. Brockhaus Verlag, Leipzig 1973

Loth, Heinrich (Hrsg.); Altafrikanische Heilkunst, Verlag Philipp Reclam jun., Leipzig 1984

Matthews, Rupert O.; Hrsg. Dieter Kronzucker; Reichenbach-Verlag, München, o. J.

Phillips, Tom (Hrsg); Afrika - die Kunst eines Kontinents, Zeitgeist-Gesellschaft e.V., 1995/96

Rammner, Walter; Brehms Tierleben, Urania-Verlag, Leipzig/Jena 1956

Rudolph, Fritz; Stulz, Percy; Jambo, Afrika!, F. A. Brockhaus Verlag, Leipzig 1970

Schomburg, Hans; Zelte in Afrika, Verlag der Nation, Berlin 1957

Schweinfurth, Georg; Im Herzen von Afrika, F. A. Brockhaus Verlag, Leipzig 1986

Siege, Nasrin; Sombo, das Mädchen vom Fluß, Beltz Verlag, Weinheim und Basel 1990

Svarre, Karin-Lis; Joseph lebt in Soweto, Jugenddienstverlag, , Wuppertal 1980

Wegner, Ulrich; Afrikanische Saiteninstrumente, Museum für Völkerkunde, Berlin 1984

Bücher für Kinder zwischen 3 und 12 Jahren

Amonde, Omari; Anan, Kobna; Das Lied der bunten Vögel, Fischer-Verlag, Münsingen-Bern 1989
Beaake, Lesley; Strollers. Straßenkinder von Kapstadt, Erika Klopp Verlag, Berlin, o. J.
Danfresene, Michelle; Ganz allein in der Wüste, Friedrich Wittig Verlag, Hamburg 1983
Geelhaar, Anne; Vogel Titiako, Der Kinderbuchverlag, Berlin, o. J.
Hoffmann, Gisela; Lüllau, Edgar und Hildegard; Justin - Ein Junge aus Kamerun erzählt, Peter-Hammer-Verlag, Wuppertal. o. J.
Iguchi, Bunshu; Pupunga, das Elefantenkind, Friedrich Wittig Verlag, Hamburg 1986
Kozik, Christa; Ein Schneemann für Afrika, Der Kinderbuchverlag, Berlin, o. J.
Matare, Joseph; Tawanda - Wie ein afrikanisches Kind Musik und Musikinstrumente kennenlernt, HUG & Co. Musikverlage, Zürich 1992
Mc Kenna, Nancy Durell; Kwa Zulu, ein Mädchen aus Südafrika erzählt, Peter-Hammer-Verlag, Wuppertal 1984
Meissel, Wilhelm; Fecher, Amrei; Großer Geist und kleiner Kreuzschnabel, Verlag St. Gabriel, Mödling-Wien, o. J.
Naidoo, Beverley; Reise nach Johannisburg, Der Kinderbuchverlag, Berlin, o. J.
Peter, Brigitte; Sopko, Eugen; Der allererste Regenzauber, Verlag St. Gabriel, Mödling-Wien 1990
Recheis, Käthe; Rech, Barbara; Xoami aus dem Land der Buschmänner, Verlag St. Gabriel, Mödling-Wien 1991
Weiss, Ruth; de Smith, Graham; Feresia - Ein Mädchen aus Simbabwe erzählt, Peter-Hammer-Verlag, Wuppertal, o. J.

Register

Basteleien

Lieder und Tänze

Spiele

Rezepte

Texte zum Vorlesen und Erzählen

Die Autorin

Gudrun Schreiber wurde 1951 in Anklam, Mecklenburg-Vorpommern, geboren.

Nach ihrem Pädagogikstudium war sie neun Jahre als Lehrerin tätig und arbeitet seit 1981 als freie Autorin in Berlin. Seit dieser Zeit entstanden vier Kinderbücher sowie Puppenspiele, Puppenmusicals, musikalische Kindersendungen für das Fernsehen und ein Kinderfilm, der 1986 beim Internationalen Kinderfilmfestival in München ausgezeichnet wurde.

Mehrere Jahre arbeitete sie in einem Musikverlag und als Redakteurin im Berliner Planet-Verlag.

Seit 1990 ist sie Mitglied des Verbandes Deutscher Schriftsteller und der Neuen Gesellschaft für Literatur.

Parallel zu ihrer schriftstellerischen Arbeit für Kinder und der damit verbundenen Praxis innerhalb der Frühmusikalischen Erziehung in Berliner Kitas, schreibt sie Gedichte für Erwachsene, Liedtexte, Nachdichtungen und arbeitet an Anthologien mit.

Nach ihren Reisen nach Nord- und Westafrika begann sie das Buch „Karibuni Watoto", - Kinderbuch und gleichzeitig pädagogisches Handbuch für die Arbeit der Erzieher.

„Dieses Buch ist eine Verknüpfung meiner Erlebnisse und Erfahrungen auf diesem Kontinent, meiner schriftstellerischen Ambitionen und meiner pädagogischen Kreativität."

Der Autor

Peter Heilmann, geboren am 20. Juli 1945 in Altenburg/Thüringen, jetzt wohnhaft in Berlin.

Studium der Afrikanistik an der Universität Leipzig. Spezialisiert auf Soziologie und Ethnologie Afrikas. Zusatzstudium (ein Jahr) an der Staatlichen Moskauer Lomonossow-Universität. Promoviert zum Doktor der Philosophie 1977 an der Universität Leipzig.

Ca. ein Jahr Entwicklungshilfe in der Vereinigten Republik Tanzania (Insel Sansibar).

Mehrjährige Tätigkeit als Betreuer und Supervisor afrikanischer Studenten in Deutschland.

Langjährige administrative Arbeit auf dem Gebiet der Hochschulbeziehungen zu den Entwicklungsländern, insbesondere zu Afrika. Wissenschaftliche (soziologische) Untersuchungen zur Ausländerproblematik in Deutschland. Zahlreiche wissenschaftliche Veröffentlichungen zu Problemen der Ausländer in Deutschland in verschiedenen Fachzeitschriften.

Kooperative Spiele, Spiele in Gruppen, Lernspiele
Bewegungsspiele, Brettspiele

Der Fachverlag für gruppen- und spielpädagogische Materialien

Ökotopia Verlag und Versand

Fordern Sie unser kostenloses Programm an:

Ökotopia Verlag
Hafenweg 26a · D-48155 Münster
Tel.: (02 51) 48 19 80 · Fax: 4 81 98 29
E-Mail: info@oekotopia-verlag.de

Besuchen Sie unsere Homepage! Genießen Sie dort unsere Hörproben!

http://www.oekotopia-verlag.de und www.weltmusik-fuer-kinder.de

Andrea Erkert
Inseln der Entspannung
Kinder kommen zur Ruhe mit 77 phantasievollen Entspannungsspielen

ISBN: 3-931902-18-8

Sybille Günther
Snoezelen - Traumstunden für Kinder
Praxishandbuch zur Entspannung und Entfaltung der Sinne mit Anregungen zur Raumgestaltung, Phantasiereisen, Spielen und Materialhinweisen

ISBN (Buch): 3-931902-94-3
ISBN (CD): 3-936286-07-8

Hedwig Wilken
Voll Sinnen spielen
Wahrnehmungs- und Spielräume für Kinder ab 4 Jahren

ISBN: 3-931902-34-X

Anette Raschdorf
Kindern Stille als Erlebnis bereiten
Sinnesübungen, Fantasiereisen und Entspannungsgeschichten für Kindergarten, Schule u. Familie

ISBN: 3-931902-59-5

Volker Friebel
Weiße Wolken – Stille Reise
Ruhe und Entspannung für Kinder ab 4 Jahren. Mit vielen Geschichten, Übungen und Musik

ISBN (Buch inkl. CD): 3-925169-95-4

Volker Friebel, Marianne Kunz
Tanzende Gefühle – bewegte Tänze
Sinneswahrnehmung und Körpererfahrung in lebendigen Tänzen: tierische Emotionen für Kinder ab 4 Jahren

ISBN (Buch inkl. CD) 3-936286-24-8

Annegret Frank
Streicheln, Spüren, Selbstvertrauen
Massagen, Wahrnehmungs- und Interaktionsspiele und Atemübungen zur Förderung des Körperbewusstseins

ISBN (Buch): 3-936286-29-9
ISBN (CD): 3-936286-30-2

Volker Friebel, Marianne Kunz
Zeiten der Ruhe – Feste der Stille
Mit Spielen, Geschichten, Liedern und Tänzen: vom Winteraustreiben über Ostern, das Sommerfest und Halloween bis in die Weihnachtszeit

ISBN (Buch inkl. CD): 3-936286-01-9

Andrea Erkert
Naschkatze & Suppenkasper
Mit Spiel und Spaß essen und trinken - vielfältige Aktionen rund um das Thema Ernährung für Kita, Hort und Grundschule

ISBN: 3-936286-60-4

Margarita Klein
Schmetterling und Katzenpfoten
Sanfte Massagen für Babys und Kinder

ISBN: 3-931902-38-2

V. Friebel, M. Kunz
Meditative Tänze mit Kindern
In ruhigen und bewegten Kreistänzen durch den Wandel der Jahreszeiten

ISBN (Buch inkl. CD): 3-931902-52-8

K. + S. Faller
Kinder können Konflikte klären
Mediation und soziale Frühförderung im Kindergarten - ein Trainingshandbuch

ISBN: 3-936286-03-5